सेक्स के
111 सवाल

डॉ. प्रकाशचंद्र गंगराड़े

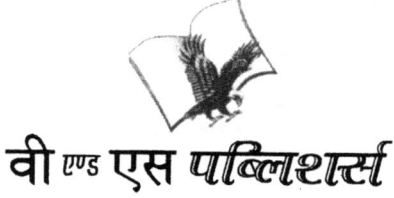

वी एण्ड एस पब्लिशर्स

चिकित्सा एवं स्वास्थ्य की सर्वश्रेष्ठ पुस्तकें

योगासन एवं साधना	डॉ. सत्यपाल ग्रोवर
रीढ़ का दर्द	पवन जैन
रोग पहचानें उपचार जानें	सुदर्शन भाटिया
हदय रोग क्या है, क्यों होता है और कैसे बचें?	धर्मवीर
स्वस्थ रहने के 51 सुझाव	डॉ. प्रकाशचंद्र गंगराड़े
सर्वसुलभ जड़ी-बूटियों द्वारा रोगों का इलाज	डॉ. प्रकाशचंद्र गंगराड़े
स्वास्थ्य संबंधी गलतफ़हमियां	डॉ. प्रकाशचंद्र गंगराड़े
किस बीमारी में क्या खाएं क्या न खाएं	डॉ. प्रकाशचंद्र गंगराड़े
सफल घरेलू इलाज	डॉ. आर.पी. पाराशर
योग और भोजन द्वारा रोगों का इलाज	डॉ. सत्यपाल ग्रोवर
न्यू लेडिज हेल्थ गाइड	आशारानी व्होरा एवं अरूण सागर 'आनंद'

वी एण्ड एस पब्लिशर्स की पुस्तकें

देश-भर के रेलवे, रोडवेज़ तथा अन्य प्रमुख बुक स्टॉलों पर उपलब्ध हैं। अपनी मनपसंद पुस्तकों की मांग किसी भी नजदीकी बुक स्टॉल से करें। यदि न मिलें, तो हमें पत्र लिखें। हम आपको तुरंत भेज देंगे। इन पुस्तकों की निरंतर जानकारी पाने के लिए विस्तृत सूची-पत्र मंगवाएं या हमारी वेबसाइट देखें –

www.vspublishers.com

श्रोत्रत्वक्चक्षुर्जिह्वा घ्राणानामात्मसंयुक्तेन
मानसाधिष्ठितानां स्वेषु विषयेषु अनुकुल्यतः प्रवृतिः कामः।।

अर्थात्-कान, त्वचा, आंख, जिह्वा और नाक इन इंद्रियों की इच्छानुसार शब्द, स्पर्श, रूप, रस और गंध प्रवृत्ति ही काम है। इन इंद्रियों की प्रवृत्ति से आत्मा जो आनंद अनुभव करती है, उसे काम कहते हैं। विशेषकर चुंबन, आलिंगन और प्रासंगिक सुख के साथ व्यावहारिक रूप से कपोल, स्तन, नितंब आदि अंगों के स्पर्श से आनंद की जो अनुभूति प्रतीत होती है, वही काम यानी सेक्स है।

–लेखक की क़लम से...

प्रकाशक

वी एण्ड एस पब्लिशर्स

F-2/16, अंसारी रोड, दरियागंज, नयी दिल्ली-110002

☎ 23240026, 23240027 • *फैक्स:* 011-23240028

E-mail: info@vspublishers.com • *Website:* www.vspublishers.com

शाखाः हैदराबाद

5-1-707/1, ब्रिज भवन (सेन्ट्रल बैंक ऑफ इण्डिया लेन के पास)

बैंक स्ट्रीट, कोटी, हैदराबाद-500 095

☎ 040-24737290

E-mail: vspublishershyd@gmail.com

शाखा : मुम्बई

गोदाम 34 ऐट द मॉडल को-आपरेटिब हाउसिंग सोसाइटी लि0,

'साहकार निवास' ग्राउण्ड फ्लोर, नेक्स्ट टू सोबो सेन्ट्रल, मुम्बई - 400 043

☎ 022-23510736

E-mail: vspublishersmum@gmail.com

फ़ॉलो करें:

हमारी सभी पुस्तकें **www.vspublishers.com** पर उपलब्ध हैं

मुद्रक: परम ऑफसेटर्स, ओखला, नयी दिल्ली-110020

अपनी बात

इसमें कोई संदेह नहीं कि जरूरतों की तरह ही सेक्स भी हमारे जीवन की एक अहम जरूरत है और इसीलिए दाम्पत्य जीवन का आधार है, सृष्टि की उत्पत्ति का रहस्य है, जिससे प्रकृति ने स्त्री-पुरुष को अनवरत रूप से चलाने के लिए सम्भोग में अलौकिक आनन्द पैदा किया। इसी भावना से हमारे ऋषि-मुनियों ने सेक्स को जीवन में महत्वपूर्ण मानकर उसका मर्यादा पूर्वक सेवन उचित बताया है। इसके बावजूद हमारे समाज में सेक्स को मर्यादा और नैतिकता के नाम पर अश्लील बताकर गोपनीय विषय बना दिया गया, ताकि आम आदमी इसके व्यावहारिक ज्ञान से भी वंचित रह जाए।

यह कितने आश्चर्य की बात है कि कामदेव के इस देश में, जहां जग प्रसिद्ध यौन व्यवहार विषयक ग्रन्थ 'कामसूत्र' और 'कामशास्त्र' रचे गए और मन्दिरों में भी मूर्तिकला के माध्यम से सेक्स ज्ञान के प्रसार की कोशिश की गई हो, ऐसे में सेक्स शिक्षा के अभाव में हमारा युवा वर्ग, यहां तक कि दम्पती भी तरह-तरह की भ्रान्त धारणाओं में फंसे हुए नजर आते हैं। शर्म, संकोच व लज्जावश वे मां-बाप, बड़ों से सेक्स पर खुलकर चर्चा नहीं कर सकते। यदि हिम्मत कर भी लें, तो उन्हें डांट कर भगा दिया जाता है। ऐसे में वे अपने मन में उठती जिज्ञासाओं को शांत करने के लिए अपने साथियों से चर्चा कर अधकचरा ज्ञान प्राप्त करते हैं या फिर सड़क छाप गुमराह करने वाली घटिया, अश्लील पुस्तकें पढ़कर दिग्भ्रमित हो रहे हैं और पढ़े-लिखे होने के बावजूद कई अजीबोगरीब गलत-फहमियां व अंधविश्वास पालकर घुट-घुट कर जीने को विवश हो रहे हैं, तो दूसरी ओर तथाकथित सेक्स रोग विशेषज्ञ उनकी अज्ञानता का भरपूर फायदा उठा रहे हैं।

इस पुस्तक में 111 सवालों के माध्यम से सेक्स की 'ए टू ज़ेड' प्रामाणिक और व्यावहारिक जानकारियां दी जा रही हैं, ताकि सभी जिज्ञासु युवक-युवतियों और सभी आयुवर्ग की विवाहित स्त्री-पुरुषों को सेक्स का वास्तविक ज्ञान हो सके और उनमें फैली मनगढ़ंत बातें तथा पुरानी गलत धारणाएं, मान्यताएं दूर होकर उनका जीवन खुशहाल बन जाए।

आज सेक्स को व्यावहारिक दृष्टिकोण से देखना चाहिए। यह स्वाभाविक प्रक्रिया है, जिससे गुजरना शारीरिक और मानसिक स्वास्थ्य के लिए अनिवार्य है। फ्रायड ने कहा है कि तमाम दिन चुस्ती-फुर्ती के साथ आप तभी काम करते रह सकते हैं, जब कि आप यौन रूप से पूर्णत: तुष्ट व तृप्त हों। अत: आइए, इस पुस्तक को पढ़ें और पूरा-पूरा लाभ उठाएं।

भोपाल (म.प्र.)   -डॉ. प्रकाशचंद्र गंगराड़े

अंदर के पृष्ठों में...

प्रश्न 1 : सेक्स क्या है और इसका हमारे जीवन में क्या महत्त्व है?

उत्तर : कामसूत्र में आचार्य वात्स्यायन लिखते हैं–

> **श्रोत्रत्वक्चक्षुर्जिह्वाघ्राणानामात्मसंयुक्तेन मनसाधिष्ठितानां**
> **स्वेषु विषयेषु अनुकुल्यतः प्रवृत्तिः कामः।**

अर्थात् कान, त्वचा, आंख, जिह्वा और नाक इन पांच इंद्रियों की इच्छानुसार शब्द, स्पर्श, रूप, रस और गंध की प्रवृत्ति ही काम है। इन इंद्रियों की प्रवृत्ति से आत्मा जो आनंद अनुभव करती है, उसे 'काम' कहते हैं। विशेषकर चुंबन, आलिंगन आदि प्रासंगिक सुख के साथ व्यावहारिक रूप से कपोल, स्तन, नितंब आदि अंगों के स्पर्श से आनंद की जो अनुभूति प्रतीत होती है, वही काम यानी सेक्स है।

प्रसिद्ध मनोवैज्ञानिक फ्रायड के मतानुसार, सेक्स ही जीवन की मूल प्रवृत्ति है। सेक्स शरीर की आवश्यकता, ऊर्जा एवं खुराक है, जिसका उद्देश्य हमारे जीवन में व्याप्त शारीरिक और मानसिक उत्तेजनाओं का शमन करना है। दुनिया के जितने बड़े-बड़े योद्धा, दार्शनिक, राजनेता और वैज्ञानिक हुए हैं, सभी का जीवन काम-वासना से पूर्ण पाया गया है। धर्म, दर्शन तथा समाज की सभी ललित कलाओं के पीछे मनुष्य की सेक्स की भावना छिपी रहती है।

इसमें कोई संदेह नहीं कि बिना सेक्स के जीवन की कल्पना ही नहीं की जा सकती, क्योंकि यह हमारी आधारभूत जरूरतों में से एक है। जैसे भूख, प्यास, निद्रा और उत्सर्जन शरीर का स्वाभाविक धर्म है, ठीक उसी प्रकार सेक्स प्रकृति प्रदत्त धर्म है, जो एक भावना है, जिसका अस्तित्व प्रत्येक स्त्री-पुरुष में विद्यमान है। इसकी वजह से ही एक-दूसरे के प्रति आकर्षण होता है। सेक्स ही संतानोत्पत्ति का मूल आधार है और वंश वृद्धि का माध्यम भी।

पति-पत्नी के मध्य संतुलित सेक्स, दोनों के शारीरिक एवं मानसिक आरोग्य के लिए अनिवार्य है। यह जिंदगी की सबसे बड़ी खुशी है और सबसे बड़ा आकर्षण है। मनुष्य को प्रेरणा प्रदान करने वाली भावना है। वैवाहिक जीवन में सेक्स प्यार का एक स्रोत है। प्रेम करने का एक प्रगाढ़ रूप है। तृप्त सेक्स सफल दांपत्य का आधार है। यदि मनुष्य के जीवन में से सेक्स को अलग

कर दिया जाए, तो उसका जीवन अधूरा, घोर निराशाजनक, कुंठायुक्त, हीनता को प्राप्त कर मृतप्राय हो जाएगा। अतएव सेक्स उसके जीवन का एक महत्त्वपूर्ण और अनिवार्य अंग है।

प्रश्न 2 : सेक्स का उद्देश्य मात्र वंश वृद्धि करना है अथवा शारीरिक और मानसिक आनंद भी प्राप्त करना है?

उत्तर : आर्य ऋषियों ने 'पुत्रार्थ क्रियते भार्या' सूत्र के माध्यम से वंश वृद्धि के लिए ही विवाह की आवश्यकता बताई है और ग्रंथों में स्त्री संभोग केवल संतान उत्पन्न करने हेतु ही माना गया है। 'कि भोगैः संततिर्विना', यानी स्त्री-पुरुष के संभोग का उद्देश्य ही संतान प्राप्ति है। किंतु यदि एकमात्र उद्देश्य संतानोत्पत्ति ही होता, तो वर्तमान में इतनी समस्याएं क्यों उत्पन्न होतीं? स्त्री कुलटा और पुरुष वेश्यागामी क्यों होता? निःसंदेह स्त्री या पुरुष के लिए सेक्स का व्यापक महत्त्व है, जो उन्हें हर प्रकार से, यानी सामाजिक, व्यावहारिक तथा गृहस्थ जीवन को प्रभावित करता है। चूंकि मनुष्य पशु नहीं है, अतएव यह उसके मन और शरीर की पुष्टि के लिए भी जरूरी है। पति-पत्नी का संभोगरत होकर शारीरिक और मानसिक आनंद प्राप्त करना सफल दांपत्य जीवन का आधार माना गया है।

संभोग की क्रिया से संतानोत्पत्ति ही नहीं होती, बल्कि अलौकिक आनंद भी मिलता है, जिसे 'ब्रह्मानंद सहोदर' की संज्ञा दी गई है। यदि यह अनुभूति मनुष्य को नहीं होती, तो संभोग की क्रिया सिर्फ एक मशीनी क्रिया ही बनकर रह जाती। आनंद और तृप्ति का कहीं कोई नामोनिशान भी न होता।

वैसे तो संतान प्राप्ति की इच्छा मानव की प्रबलतम इच्छाओं में से एक है। जो दंपत्ति इस सुख से वंचित रहते हैं, वे दुखी और निराश रहते हैं। संतान की लालसा पुरुष में तो होती ही है, स्त्री में यह तीव्र रूप से विद्यमान होती है। अतएव इसमें कोई दो मत नहीं कि सेक्स का उद्देश्य मात्र वंश वृद्धि करना ही नहीं, बल्कि शारीरिक और मानसिक आनंद भी उचित अनुपात में प्राप्त करना है।

प्रश्न 3 : सेक्स का हमारे स्वास्थ्य से क्या संबंध है?

उत्तर : सेक्स और स्वास्थ्य का अत्यंत निकट का संबंध होता है। जो पति-पत्नी अपने सेक्स जीवन से संतुष्ट नहीं होते, वे तनावग्रस्त रहकर अस्वस्थ जीवन व्यतीत करते हैं। उनका शरीर, मन, मस्तिष्क सभी अतृप्त सेक्स से प्रभावित होते हैं। सेक्स में सक्रियता बनाए रखना सदाबहार रहने का महामंत्र है। सेक्स की इच्छा हो, पर उससे विमुख होना नाड़ी मंडल और हृदय पर दबाव डालता है, जिससे ये तंत्र प्रभावित होकर शरीर पर बुरा प्रभाव छोड़ते हैं।

दूसरी ओर जिन स्त्रियों को सामान्य सेक्स जीवन प्राप्त नहीं होता, वे हमेशा बुझी-बुझी-सी एवं थकी-हारी लगती हैं। उदाहरण के तौर पर देखेंगे कि विवाह के प्रथम वर्ष में पत्नी सबसे ज्यादा स्वस्थ व सुंदर नजर आती है, वहीं पुरुष के व्यक्तित्व में भी आश्चर्यजनक आकर्षण दिखाई देता है। यह सब प्रभाव सेक्स की सक्रियता से ही नजर आता है।

पति-पत्नी यदि सेक्स की इच्छा को संभोग से शांत नहीं करेंगे, तो उनके स्वास्थ्य पर बुरा असर पड़ेगा। इससे स्वप्नदोष, चित्त की अस्थिरता, स्नायविक तनाव आदि मानसिक और शारीरिक विकार पैदा हो सकते हैं। इतना ही नहीं, सेक्स संबंधों में सक्रियता सदैव युवा व स्वस्थ होने का अहसास देता है और मानसिक रूप से बुढ़ापे को दूर रखता है। संभोग करने वालों को नींद की दवा की जरूरत नहीं पड़ती, बल्कि प्राकृतिक रूप से गहरी नींद आती है।

शारीरिक व्यायाम की दृष्टि से भी सेक्स सर्वथा उपयुक्त होता है, क्योंकि संभोग क्रिया में हर मांसपेशी तथा संपूर्ण नाड़ी मंडल प्रभावित होता है। सेक्स संबंध पूरे शरीर को उत्तेजना दे सकने में समर्थ है, जबकि कोई ऐसी रुचिकर, आनंददायक व्यायाम पद्धति नहीं है, जो पहले शरीर को उत्तेजना पहुंचाए और फिर धीरे-धीरे शिथिल कर सके।

स्त्रियों में सहवास के साथ एस्ट्रोजन हार्मोन का स्राव लगभग दोगुना हो जाता है, जिससे देह की त्वचा, बालों और आंखों में चमक बढ़कर रूप निखर जाता है। इसके अलावा सेक्स क्रिया संलग्न स्त्री-पुरुष शारीरिक सफाई की ओर

13

विशेष ध्यान देने लगते हैं। अतः जिस तरह शारीरिक विकास के लिए पौष्टिक भोजन की आवश्यकता होती है, उसी तरह मानसिक विकास के लिए सेक्स भी जरूरी है।

प्रश्न 4 : निरंतर कामुक चिंतन से कौन-कौन सी शारीरिक और मानसिक हानियां होती हैं?

उत्तर : यह एक तथ्य है कि शारीरिक संभोग में उतनी शक्ति नष्ट नहीं होती, जितनी कामुक चिंतन से होती है। संभोग में जहां थोड़ा-सा वीर्य ही नष्ट होता है, वहीं कामुक चिंतन के दुष्परिणामों का कोई अंत नहीं होता। इससे भले ही वीर्य नष्ट न होता हो, लेकिन मानसिक और आत्मिक ऊर्जा अवश्य ज्यादा नष्ट होती है।

सेक्स के विषय में निरंतर चिंतन करते रहना ही कामुकता है। मनोवैज्ञानिकों ने यह निष्कर्ष निकाला है कि मानसिक काम का चिंतन करने से कई विकृतियां पैदा होती हैं। मसलन चिंतन करने वाला व्यक्ति वास्तविक सेक्स क्रिया में रस नहीं पाता, क्योंकि वह रंगीन ख्यालों की दुनिया में जीता है। मन के लड्डू खाता रहता है। मनचाही कल्पनाओं और मनसूबों में ही डूबा रहता है। परिणाम यह होता है कि वह हमेशा इस मामले में अतृप्त ही रह जाता है। उसकी यह अतृप्ति ही उसमें खिन्नता, अवसाद, अधैर्य, स्वप्नदोष, नपुंसकता के साथ-साथ मानसिक कुंठा जैसे दुष्परिणाम पैदा कर देती है। जैसे सावन में अंधे होने वाले को हरा-ही-हरा दिखता है, ठीक वैसे ही कामांध हुए को कुछ भी दिखाई नहीं देता। बस, चारों तरफ उसे कामुक वातावरण ही दिखाई देता है। संकल्पशक्ति के अभाव में और मन की दुर्बलता के कारण यदि एक बार मन इसके चक्कर में पड़ जाता है, तो फिर संभलना अत्यंत कठिन होता जाता है। ऐसे व्यक्ति को न कोई भय रहता है, न किसी प्रकार की लज्जा रहती है और न ठीक से सोचने समझने की बुद्धि ही शेष बचती है। फिर यदि वह बलात्कार जैसी हरकत कर बैठे, तो कोई आश्चर्य नहीं होगा।

उपाय

- निरंतर कामुक चिंतन से बचने के लिए अच्छा साहित्य पढ़ें और अच्छी संगति में रहें।
- निठल्लेपन से दूर रहकर स्वयं को किसी-न-किसी काम में व्यस्त रखें।
- खाली दिमाग ही शैतान का घर होता है; अतः विकृत, कामुक चिंतन को छोड़ने से न केवल शारीरिक और मानसिक स्वास्थ्य लाभ होगा वरन् भावी दांपत्य जीवन भी सुखी बनेगा।
- कुंठा और हीनता की भावना तथा सेक्स विकारों से भी बचें।
- सेक्स की इच्छा होने पर उसे वैध तरीके से पूरा करने से कामुक चिंतन से बचा जा सकता है।

प्रश्न 5 : मानव और पशु के सेक्स संसार में क्या अंतर होता है?

उत्तर : मानव में विकसित मस्तिष्क होने के कारण उसके सेक्स संबंधी समस्त कार्य पशु की तुलना में कहीं अधिक श्रेष्ठ होना स्वाभाविक है। पशु जगत में संभोग क्रिया मात्र प्रजनन के लिए की जाती है, लेकिन मानव जगत में संभोग आमतौर पर आनंद प्राप्ति के लिए ही किया जाता है, उसका संतान उत्पन्न करने का उद्देश्य गौण होता है।

प्रकृति ने मानव और पशु, दोनों में ही नर को आक्रामक और नारी को पलायन प्रवृत्ति का बनाया है। पशु जगत में मादा को संभोग के लिए मनाने में नर को कई-कई दिन का समय भी लग जाता है, क्योंकि उसे अपनी ओर आकृष्ट करने के लिए और संभोग के लिए तैयार करने के लिए अनेक उपाय काम में लाने पड़ते हैं। मसलन उत्तेजना, सुरीली आवाज, सुगंध और स्रावों को सूंघने और चाटने से पैदा की जाती है। इस प्रकार काफी प्रयास के बाद ही मादा से संभोग करने में सफल हो पाता है।

पढ़े-लिखे तथा सभ्य कहे जाने वाले मानव जगत में पुरुष अपनी स्त्री से अधिकार पूर्वक अथवा उसकी इच्छा के विरुद्ध भी संभोग करने से नहीं चूकते। मौका मिलने पर पर-स्त्री से बलात्कार करना पुरुष के लिए कोई कठिन कार्य नहीं

है। संभोग काल वहुत अल्प भी हो सकता है और बहुत अधिक भी। अभ्यास करके संभोग रुक-रुक कर किया जाए, तो यह क्रिया घंटे भर से ऊपर भी की जा सकती है, जबकि पशुओं में संभोग क्रिया कुछ क्षणों से लेकर कुछ मिनटों में ही समाप्त हो जाती है।

पशुओं में कोई ऐसा पशु नहीं मिलेगा जो चौबीस घंटे या बारहों महीने सेक्स संबंध बनाने के लिए प्रयासरत रहता हो। उनका सेक्स जीवन प्राकृतिक नियमों से बंधा होता है। संभोग विशेष ऋतु में, समय और वातावरण को ध्यान में रखकर किया जाता है, जबकि पुरुष के लिए न कोई ऋतु, न कोई समय सीमा का बंधन होता है। वह चाहे जब संभोग क्रिया करने लगता है और किसी भी ऋतु में स्त्री को गर्भवती बना सकता है।

प्रश्न 6 : सेक्स अपराधों का कारण क्यों बनता है?

उत्तर : आए दिन समाचार पत्रों में ऐसी खबरें पढ़ने को मिलती रहती हैं कि पति ने पत्नी के चरित्र पर संदेह होने के कारण उसकी हत्या कर दी या फिर पत्नी ने अपने प्रेमी के साथ मिलकर पति की हत्या कर दी। इसी तरह की अन्य घटनाएं पति या पत्नी द्वारा सेक्स संबंधी अवैध रिश्तों के कायम करने से भी प्रकाश में आती रहती हैं।

अपनी प्रचंड काम संतुष्टि के लिए किसी भी स्त्री को उसकी इच्छा के विरुद्ध या जबरन पकड़कर बलपूर्वक उससे संभोग करना बलात्कार का अपराध माना जाता है। यह अपराध आज के युग में इतना बढ़ गया है कि अब मासूम और अबोध बच्चियों तक को भी इसका शिकार बनना पड़ रहा है। यह सेक्स का एक ऐसा अपराध है, जिसकी तुलना किसी अन्य अपराध से नहीं की जा सकती।

मनोवैज्ञानिकों के अनुसार, अबोध बालिकाओं और महिलाओं से वलात्कार करने वालों में अधेड़ उम्र के लोग, अशिक्षित पुरुष, शराब के नशे में, यौन कुंठा से पीड़ित होकर, दिशा विहीन और मानसिक रूप से विक्षिप्त अविवाहित युवक होते हैं। ऐसे अपराधियों की मनोवृत्ति इतनी विकृत होती है कि वे बार-बार

ऐसे कुकर्म करने की तलाश में बराबर लगे रहते हैं। विवाहित पुरुष भी ये अपराध करने से नहीं चूकते, जबकि वे अपनी सेक्स संतुष्टि पत्नी से पा लेते हैं। इन अपराधियों के हौसले और भी बढ़ जाते हैं, जब बलात्कार की शिकार स्त्री, लड़की या बच्ची के घरवाले बदनामी के डर से ऐसे अपराध की थाने में रिपोर्ट दर्ज नहीं करातं।

सेक्स के जघन्य अपराध कई बार क्षणिक उत्तेजना के वश में आकर भी किए जाते हैं। सेक्स में अतृप्ति मिलने के कारण भी इसी प्रकार के अपराध करने की प्रेरणा स्त्री-पुरुष को मिलती है। जब एक-दूसरे की यौनेच्छा शांत नहीं होती, तो वे अन्य अनैतिक माध्यमों से उसे पूरी करने में लग जाते हैं, जो सामाजिक दृष्टिकोण से मान्य न होने के कारण अपराध का कारण बनता है।

प्रश्न 7 : स्त्री और पुरुष की सेक्स प्रवृत्तियों और भावनाओं में अंतर क्यों होता है?

उत्तर : स्त्री में अष्टम धातु अर्थात् रज पुरुष के सप्तम धातु के अतिरिक्त होने के कारण और पुरुषों की अपेक्षा आहार दुगना, लज्जा चार गुना, साहस छह गुना तथा काम वेग आठ गुना अधिक होता है–

स्त्रीणां द्विगुण आहारो लज्जाचापि चतुर्गुणा।
साहस षडगुणं चैव कामाश्वाचाष्टगुणः स्मृतः।।

जबकि वास्तविक जीवन में हम देखते हैं कि सेक्स के मामले में स्त्रियां पुरुषों के मुकाबले कमजोर प्रवृत्ति की होती हैं। पुरुष के शरीर में दो प्रकार के सेक्स हार्मोन्स बनते हैं, जबकि स्त्री में तीन। पुरुष की सेक्स की प्रवृत्ति एक ट्यूब लाइट के समान होती है, जो स्टार्टर के बल पर कुछ ही क्षणों में गर्मी पाकर रोशनी फैला देती है, जबकि स्त्री की सेक्स प्रवृत्ति एक इलेक्ट्रिक प्रेस के समान होती है, जो स्विच ऑन करने पर गरम होने में कुछ समय लेती है और जब एक बार पूरी तरह गरम हा जाए, तो फिर ठंडी होकर सामान्य अवस्था में आने के लिए अधिक समय लेती है।

जहां पुरुष में संभोग करने की प्रवृत्ति अतिशीघ्र जाग जाती है और वह इस क्रिया

में तुरंत जुट जाता है, फिर अपना स्वार्थ सिद्ध होते ही स्त्री को अतृप्त छोड़कर सो जाता है। इस प्रकार पुरुष तो तृप्ति पा लेता है, लेकिन स्त्री के शरीर, मन और उत्तेजक भावनाओं को यूं ही असंतुष्ट हालत में छोड़ देता है। फलतः वितृष्णा की भावना पारिवारिक जीवन का सुख चैन नष्ट करने लगती है।

स्त्री-पुरुष का सेक्स जीवन मानसिक प्रवृत्तियों पर टिका होता है। जब तक वे संभोग क्रिया में मानसिक रूप से संतुष्ट होकर, दो तन और एक आत्मा नहीं बन जाते और यौन सुख से संबंधित क्रीड़ाएं उन्मुक्त भाव से नहीं भोगेंगे, तब तक स्त्री पुरुष की सेक्स प्रवृत्तियों और भावनाओं में अंतर बना रहेगा।

प्रश्न 8 : पुरुष से स्त्री में कामभाव की अधिकता होने के बावजूद पुरुष अधिक सेक्सी क्यों होते हैं?

उत्तर : सेक्स के बारे में पुरुष जब मन में विचार लाता है, तो उसके शिश्न में तुरंत प्रक्रिया होनी शुरू हो जाती है। यहां तक कि मात्र काल्पनिक रूप से किसी सुंदर युवती से संभोग करने की इच्छा से ही शिश्न में तनाव आने लगता है। स्त्री में सेक्स की अनुभूति उतनी तीव्र नहीं होती, जितनी कि पुरुष में होती है।

पुरुष में सेक्स इच्छा जागने के अनेक, विचित्र मानसिक और शारीरिक कारण होते हैं। शिश्न का अग्र भाग अत्यंत संवेदनशील होने के कारण मात्र मामूली स्पर्श से उत्तेजना उत्पन्न हो जाती है। स्त्री का स्पर्श, उसे नग्नावस्था में देखना, सीने के उभारों को खुला देखना भी पुरुष को उत्तेजित करने के लिए काफी होता है।

फिल्मों के अर्धनग्न दृश्यों पर पुरुष की नजर पड़ती है, तो अनायास ही मन में सेक्स के प्रति लालसा जाग उठती है और वह ख्यालों ही ख्यालों में उत्तेजित हो जाता है। पुरुष के शीघ्र उत्तेजित होने के पीछे उसके सेक्स हार्मोन्स का काफी हाथ होता है। इसके अलावा मांस, मछली, अंडा, प्याज, शराब, तंबाकू, नशीले पदार्थों के सेवन का भी सेक्स उत्तेजना पैदा करने में सक्रिय योगदान रहता है।

प्रश्न 9 : किस उम्र तक सक्रिय रूप से सेक्स किया जा सकता है?

उत्तर : यदि देखा जाए तो स्त्री-पुरुष के जीवन में ऐसी कोई निश्चित अवस्था नहीं आती, जब संभोग क्रिया पर रोक लगाई जा सके। सेक्स क्रिया का संबंध मन और मस्तिष्क से जुड़ा होता है और जो पुरुष बड़ी उम्र में अपने को कमजोर या अयोग्य समझ लेते हैं, वे 60 की उम्र के बाद संभोग क्रिया नहीं कर पाते हैं। उनकी मनोदशा का ही परिणाम होता है कि सक्षम होते हुए भी अपने को इस कार्य हेतु असक्षम समझ बैठते हैं।

सेक्स भावना तो मानव शरीर को सक्रियता प्रदान करती है और यह सक्रियता स्वास्थ्य के लिए परमावश्यक है। जब तक कामेच्छा मौजूद हो और यौन क्षमता एवं शक्ति कायम रहे, स्त्री-पुरुष को संभोग अवश्य करना चाहिए। पुरुष की कामेच्छा तो 80-90 की उम्र में भी बलवती होती है और उसकी आंगिक शक्ति भी संभोग के लायक बनी रहती है। ऐसे में संभोग से परहेज करना कतई उचित नहीं है। बड़ी उम्र में तो सेक्स से बढ़कर पूरी उम्र जीने का दूसरा कोई सहारा नहीं होता। अतः आप तमाम उम्र सेक्स का भरपूर आनंद ले सकते हैं।

इसमें कोई संदेह नहीं कि उम्र के साथ-साथ सेक्स हार्मोन्स का बनना कम होता जाता है, इसलिए यौन-शक्ति सदैव एक-सी बनी नहीं रहती। लेकिन यदि व्यक्ति में सेक्स के प्रति रुचि बनी रहे, तो कोई कारण नहीं कि वह संभोग क्रिया न कर सके। दूसरी ओर स्त्री की योनि में रजोनिवृत्ति के बाद इस्ट्रोजन की मात्रा कम होने के कारण सूखेपन की समस्या पैदा हो जाती है, उसे संभोग से पहले चिकनाई लगाकर दूर किया जा सकता है।

प्रश्न 10 : एक वयस्क पुरुष में सेक्स विकास के क्या-क्या लक्षण दिखाई पड़ते हैं?

उत्तर : जब पुरुष पूर्ण वयस्क हो जाता है, तब उसके शरीर में स्थित वृषण (Testes) नामक दो प्रजोत्पादक ग्रंथियों का अंतःस्राव पूर्ण रूप से होने लगता

है। इन अंतःस्राव के कारण पुरुप के यौवनावस्था में प्रविष्ट होते समय उसमें द्वितीय श्रेणी के लिंग विशिष्ट चिह्न, जैसे चेहरे पर दाढ़ी-मूंछ के बालों का आना, आवाज भारी होना, जननेंद्रिय की वृद्धि होकर उस पर बाल उग आना शुरू हो जाते हैं; साथ ही उसमें साहस, उत्साह, कर्तव्यशक्ति आदि गुणों का विकास भी होने लगता है।

अंतःस्राव से उत्पन्न हार्मोन्स के प्रभाव से वयस्क पुरुष में सेक्स के प्रति रुचि बढ़ने लगती है और वह विपरीत लिंग के प्रति आकर्षित होने लगता है। सेक्स विकास के लक्षण एकाएक प्रकट नहीं होते, बल्कि धीरे-धीरे और एक क्रम से उम्र बढ़ने के साथ-साथ उनका विकास होता है। आमतौर पर हमारे देश के पुरुषों में सेक्स का विकास किशोरावस्था से ही प्रारंभ हो जाता है। यह विकास रहन-सहन, पौष्टिक भोजन, वातावरण आदि से प्रभावित होता है। जिनका शारीरिक विकास तेज गति से होता है, उनमें सेक्स का विकास भी उतनी ही तेज गति से होता है। इसके अलावा चेहरे पर कील-मुंहासे निकलना और स्वप्नदोष की शिकायत शुरू होना भी वयस्क होने के लक्षणों में शमिल होते हैं।

प्रश्न 11 : एक युवती में सेक्स विकास के क्या-क्या लक्षण दिखाई पड़ते हैं?

उत्तर : जब लड़की पूर्ण वयस्क होकर युवती की श्रेणी में आ जाती है, तब उसके शरीर में स्थित रजःपिंड (Ovaries) नामक दो प्रजोत्पादन का अंतःस्राव अस्ट्रोजन्स (Oestrogens) हार्मोन्स का उत्पादन पूरी तरह शुरू हो जाता है। अंतःस्राव के कारण युवती को यौवनावस्था प्राप्त होती है। फिर हर महीने रजःपिंड से एक छोटा अंडा (Ovum) पक्व होकर निकलता है, जो गर्भाशय में पहुंचता है। गर्भाशय के भीतरी ओर का पतला आवरण छूटने के कारण रक्तस्राव होता है, जो जननेंद्रिय से धीरे-धीरे रिस कर तीन-चार दिन तक बाहर निकलता रहता है. उसे ही रजोदर्शन या मासिक-धर्म कहते हैं।

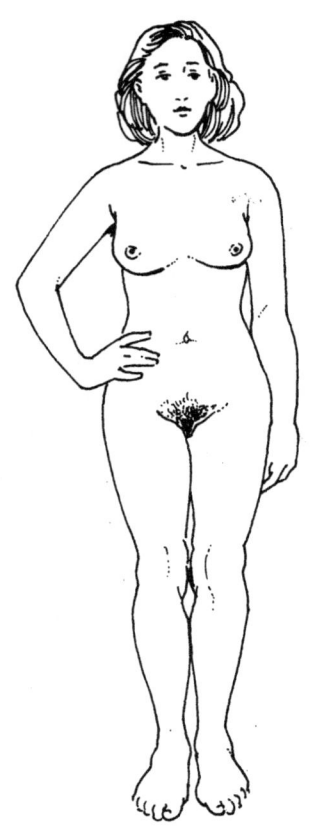

हमारे देश की जलवायु में लड़कियों को पहला मासिक धर्म लगभग 13 वर्ष की आयु से शुरू हो जाता है और लगभग 45 वर्ष की उम्र तक हर महीने नियमित रूप से जारी रहता है। पहली बार मासिक धर्म शुरू होने के बाद स्त्री जननेंद्रिय को पूर्ण कार्यसक्षम बनने के लिए 4-5 साल का समय लगता है! इस अवस्था में स्त्री पूरी तरह गर्भ धारण करने के योग्य बनती है। युवती में द्वितीय श्रेणी के लिंग विशिष्ट चिह्न, स्तनों के बड़े होने लगना, नितंब का भाग अधिक चौड़ा होना, गुप्तांगों, कांखों में बाल आना, चेहरे की रौनक बढ़ना,

बालचाल व आचरण में अंतर आना शुरू हो जाते हैं। यहां तक कि आंखें अधिक मोहक और नशीली हो जाती हैं।

प्रश्न 12 : गुप्तांगों पर बालों का क्या महत्त्व है? इन्हें कैसे हटाया जा सकता है?

उत्तर : आम लोगों में यह भ्रांत धारणा फैली हुई है कि पुरुष के गुप्तांग के आसपास जितने अधिक घने बाल होते हैं, वह अधिक क्षमता से संभोग करता है और उसमें सेक्स के प्रति रुचि अधिक होती है। जबकि वास्तविकता यह है कि इन बालों का घना या कम होना, काले, भूरे या सफेद होने का संबंध सेक्स के प्रति रुचि, क्षमता या उत्तेजना व संतानोत्पत्ति से कुछ भी नहीं होता और न ही सेक्स की क्रिया या किसी प्रकार के प्रभाव को पैदा करता है। हां, इतना अवश्य है कि सेक्स हार्मोन्स के अधिक या कम स्राव से ये अधिक या कम घने हो सकते हैं।

स्त्री-पुरुष के गुप्तांगों पर पैदा होने वाले घने बाल अक्सर संभोग क्रिया के दौरान असुविधा ही पैदा करते हैं। कंडोम का इस्तेमाल करने के दौरान पहनने और उतारने में खिंच जाने के कारण पीड़ा पहुंचाते हैं। यौनांगों की पूरी सफाई में भी इनसे असुविधा होती है। इसलिए महीने में कम-से-कम एक बार बालों को हटाना स्वास्थ्य की दृष्टि से अच्छा होता है। स्त्री मासिक धर्म के पूर्व ही इन्हें हटा लें, तो रक्तस्राव के समय पैड लगाने और सफाई रखने में काफी सुविधा होती है। संक्रामक रोगों और जुओं को पनपने का मौका भी नहीं मिलता।

यौनांगों के बालों को हटाने के लिए बाजार में जो 'डेपिलेटरी' मिलते हैं, उनमें मुख्यतः डेपिल, एन फ्रेंच, न्यूवीट आदि हैं। ये हेयर रिमूवर उत्तम किस्म के हैं और त्वचा पर कोई दुष्प्रभाव नहीं छोड़ते हैं। अन्यथा सस्ते केमिकल्स की प्रतिक्रिया होने पर त्वचा पर दाने भी निकल आते हैं। अतः इनका इस्तेमाल करने से पूर्व त्वचा पर संवेदनशीलता का टेस्ट अवश्य कर लें। रेजर या ब्लेड से सफाई करने पर भी उपरोक्त दुष्परिणाम हो सकते हैं। वैक्स या राख लगाकर जड़ से बाल उखाड़ने की प्रक्रिया काफी कष्टदायक होती है।

प्रश्न 13 : युवक-युवतियों में परस्पर सेक्स का आकर्षण क्यों होता है?

उत्तर : युवावस्था में जैसे-जैसे सेक्स हार्मोन्स का निर्माण बढ़ता जाता है, वैसे-वैसे युवक-युवतियों का मन, विपरीत सेक्स के प्रति आकर्षित होने लगता है। प्रत्येक नवयुवक चाहता है कि किसी नवयुवती के अधिक-से-अधिक निकट आए और उससे सेक्स की क्रियाएं करे। लेकिन नवयुवती के मन में नवयुवक के व्यक्तित्व को देखकर दिल की धड़कनें बढ़ना, उसके प्रति चाहत उत्पन्न होना, कल्पना में उससे संबंध जोड़ने और अपने मन मंदिर में बसाने के सपने जरूर जोड़ लिए जाते हैं, लेकिन नवयुवक जैसी सेक्स उत्तेजना का असर उसमें पैदा नहीं होता।

इसमें कोई संदेह नहीं कि किसी युवती का चंद्रमा के समान मुख, कमल की पंखुड़ियों को लजाने वाली सुंदर आंखें, उठी हुई नाक, पतले होंठ, पुष्ट और उभारयुक्त स्तन, नितंब घड़े के आकार के हों, स्वस्थ गदराया शरीर हो, नितंब तक लहराते घने बाल हों, कोकिल वाणी हो, कोमलता और नजाकत ये सभी गुण मौजूद हों, तो कोई भी नवयुवक उसकी ओर आकर्षित हुए बिना न रहेगा। ये आकर्षण उसके मन और शरीर में सेक्स संबंध जोड़ने की ललक पैदा कर देता है। यही कारण है कि नवयुवक और नवयुवती के बीच मानसिक और शारीरिक संबंधों की स्थापना की आवश्यकता महसूस की जाती है।

दूसरी ओर युवतियां ऐसे युवकों को अधिक पसंद करती हैं, जो स्मार्ट, हृष्ट-पुष्ट, व्यवहार कुशल और उसे सम्मान की दृष्टि से देखता हो।

प्रश्न 14 : विवाह पूर्व सेक्स संबंध स्थापित करना हानिकारक क्यों होता है?

उत्तर : हमारे देश की परंपरा ही ऐसी है कि शादी से पूर्व हर युवा पुरुष या स्त्री की चाह यही होती है कि अपने जीवन साथी की जिंदगी में आने वाला वही प्रथम व्यक्ति हो। जबकि पाश्चात्य समाज में सेक्स की स्वतंत्रता होने के

कारण वहां विवाह पूर्व सेक्स संबंध स्थापित करना बुरा नहीं माना जाता। विवाह पूर्व संभोग करके वे अनुभव प्राप्त करते हैं कि उनका वैवाहिक जीवन सफल हो सकता है अथवा नहीं? वे इसे सेक्स शिक्षा का एक पहलू और एक-दूसरे को समझने का जरिया मानते हैं।

सर्वेक्षणों से ज्ञात हुआ है कि जो स्त्रियां विवाह पूर्व सेक्स सुख का रसास्वादन कर चुकी होती हैं, उन्हें माता-पिता से उचित सेक्स शिक्षा नहीं मिली होती है। सखी-सहेलियों से मिली अधकचरी सेक्स शिक्षा का ही दुष्परिणाम विवाह पूर्व यौन संबंध होता है। इसके अलावा जिन अविवाहितों को अपने मां-बाप से बात-बात में गाली सुननी और मार खानी पड़ी थी, उनमें विवाह पूर्व सेक्स संबंध स्थापित करने की मानसिकता अत्यंत उग्र रहती है और वे इसके माध्यम से अपनी उसी विद्रोह भावना को प्रकट करती हैं। जबकि सुखी पारिवारिक परिवेश में पलने वाली युवतियां कभी भी विवाह पूर्व पर-पुरुष से सेक्स संबंध स्थापित करने में रुचि नहीं लेतीं।

वैसे विवाह पूर्व सेक्स संबंध स्थापित होने में युवक-युवती, दोनों की भूल हो सकती है, लेकिन दुष्परिणाम ज्यादातर युवती को ही भुगतना पड़ता है। यदि ऐसी युवती की शादी हो भी जाती है, तो वह डरी-सहमी व अपराध की भावना से ग्रस्त रहती है। उसका यह अहसास उसे जिंदगी भर चैन से जीने नहीं देता।

उल्लेखनीय है कि विवाह पूर्व सेक्स संबंध स्थापित करके सुख पाने की लालसा रखने वाले युवक-युवतियों को कभी भी वास्तविक आनंद की प्राप्ति नहीं होती, क्योंकि अनुकूल समय, स्थान और वातावरण के अलावा ऐसे संभोग में हमेशा ही भय, संकोच और जल्दबाजी की भावना बलवती रहती है और उस पर गर्भ रहने की चिंता अलग परेशान कर देती है।

कुछ युवक तो शौकियातौर पर विवाह पूर्व संभोग सुख का अनुभव पाने के लिए कालगर्ल या वेश्या से संपर्क करते हैं और सिफलिस, गनोरिया जैसी संक्रामक सेक्स बीमारियों की गिरफ्त में फंस जाते हैं। अतः यह विवाह पूर्व सेक्स संबंध किसी भी दृष्टिकोण से लाभदायक नहीं होता।

प्रश्न 15 : कामी पुरुष की पहचान के क्या-क्या लक्षण होते हैं?

उत्तर : पुरुष के जीवन में सेक्स की भावना होना जरूरी तो है, लेकिन अतिकामुकता के कारण यही भावना कभी संतुष्ट नहीं होती। वैसे पुरुष की अतिकामुकता अधिक समय तक स्थिर नहीं रहती, क्योंकि प्राकृतिक रूप से संभोग क्रिया में वीर्यपात के बाद उसकी उत्तेजना शांत हो जाती है।

पुरुष की अतिकामुकता को विज्ञान की भाषा में 'कामोन्माद' कहते हैं, जिसे अंग्रेजी में 'क्रोटोमेनिया' के नाम से जाना जाता है। एक कामी पुरुष में अश्व के समान संभोग शक्ति होती है और वह एक बार में अनेक स्त्रियों को तृप्त कर सकता है। अपार मैथुन शक्ति का वह मालिक होता है। अधिक समय तक संभोग करने के बाद भी उसमें थकान का नामोनिशान नहीं मिलता। वह स्त्री को विवश कर देता है। उसे कामकला और काम आसनों में महारथ हासिल होती है। उसमें वीर्य की कमी नहीं होती और उसका वीर्य शुक्राणुओं से भरपूर होता है। ऐसे पुरुष की पत्नी गरीबी में भी सदा संतुष्ट रहती है और प्रसन्नतापूर्वक विवाहित जीवन व्यतीत करती है।

प्रश्न 16 : कामुक स्त्री की पहचान किन-किन लक्षणों से की जा सकती है?

उत्तर : प्रकृति ने शारीरिक रचना की दृष्टि से स्त्री को अतिकामुक बनाया है, क्योंकि उसमें सेक्स की इच्छा की प्रवृत्ति ऐसी दी है कि वह आसानी से संतुष्ट नहीं होती। अतः वह संभोग से जितना अधिक जुड़ती जाती है, उसकी कामवासना की प्रवृत्ति उतनी ही बढ़ती जाती है। यहां तक कि सामाजिक मर्यादाओं को तोड़कर, बदनामी झेलकर भी शारीरिक रूप से अपने को कष्ट में डाल लेती है।

उल्लेखनीय है कि कामुक स्त्री जब एक पुरुष से संतुष्ट नहीं होती, तो वह अन्य पुरुषों से सेक्स संबंध स्थापित करने लगती है और इसके लिए आधुनिकता के बहाने क्लबों, होटलों, काकटेल पार्टियों में सम्मिलित होकर अपनी यौन इच्छा की पूर्ति करती है। चिकित्सा शास्त्रियों के मतानुसार, अतिकामुकता की

उत्पत्ति पूर्णरूप से मानसिक विकृति के रूप में होती है, जो आगे चलकर शारीरिक विकृति में बदल जाती है। मानसिक रूप से संतुष्ट न होने पर ही वे अतिकामुकता से पीड़ित होती हैं।

विज्ञान की भाषा में स्त्री की अतिकामुकता को 'स्त्री कामोन्माद', अंग्रेजी में 'निम्फोमीनिया' कहते हैं। इससे पीड़ित स्त्री मानसिक रूप से स्वस्थ नहीं होती। इसकी शिकार स्त्री सदैव कामातुर रहती है। उसके नेत्रों में कामलोलुपता होती है। हिरनी जैसा चंचल स्वभाव होता है। उसकी नाभि गहरी होती है और कमर पतली। स्तन सुडौल और उभरे हुए होते हैं। नितंब आकर्षक एवं भरावदार होते हैं। उसके होंठ (अधर) शहद की तरह मधुर लगते हैं। वह कामकला में निपुण और काम-आसनों में भरपूर सहयोग देती है एवं स्वभाव में विनोदी होती है।

चिकित्सकों के मतानुसार, अतिकामुक स्त्री के स्तनों और योनि मार्ग में रक्त का प्रवाह अधिक होता है और योनि मार्ग से निकले स्राव से तीव्र खुजली की इच्छा जाग्रत होती है। यही खुजली उसे सेक्स संबंध स्थापित करने के लिए प्रेरित करती है। ऐसी स्त्री हमेशा अश्लील बातों और शारीरिक स्पर्श का सुख पाने की लालसा में लगी रहती है और खाने में अधिक चटपटे, खट्टे-मीठे, मसालेदार चीजें सेवन करती है।

प्रश्न 17 : स्त्रियों में कामशीतलता या ठंडापन क्यों उत्पन्न होता है?

उत्तर : स्त्री का संभोग में रुचि न लेना, अपनी ओर से कोई पहल न करना, निष्क्रिय पड़े रहना, उत्तेजनहीनता, सेक्स संबंध में सुख का अनुभव न करना, कामशीतलता या 'फ्रीजिडिटी' के नाम से जाना जाता है। यह बीमारी शारीरिक और मानसिक कारणों से हो सकती है।

कामशीतलता से पीड़ित स्त्री हमेशा पति से संभोग करने में डरती है और बचने की कोशिश करती है। पति को भी ऐसी स्त्री से संभोग में आनंद नहीं आता और न ही उसकी शारीरिक भूख शांत होती है। ऐसे में दोनों का दांपत्य जीवन नीरस तथा बोझिल बन जाता है।

स्त्री में कामशीतलता के अनेक कारण हो सकते हैं, मसलन मनोनुकूल वातावरण न होना, संभोग के प्रति घृणा भाव, भय, संकोच होना, प्रथम सहवास में दर्द की अनुभूति होने की परिकल्पना करना, गर्भ धारण करने का डर, प्रसव पीड़ा का भय, शिश्न प्रवेश में कष्ट महसूस होना, संभोग क्रिया को पाप कर्म मानना, सेक्स संबंधी कोई दुखद आघात, बलात्कार की शिकार होना, रुचि के विरुद्ध पति मिलना, किसी और से प्रेम संबंध रहना तथा मजबूरी में शादी करना इत्यादि होते हैं। ऐसे में पुरुष को अपने पर नियंत्रण रखकर संभोग से पूर्व की रतिक्रीड़ाओं के द्वारा उसमें छिपी कामेच्छा को जाग्रत करके अपना कार्य पूरा करना चाहिए, ताकि स्त्री को भी चरमसुख मिल सके। ज्ञातव्य है कि स्त्री की काम भावना बहुत गहराई में होती है और उसे ऊपर लाने के लिए क्रीड़ाओं का प्रावधान किया गया है। अतः पुरुष की नैतिक जिम्मेदारी बनती है कि संभोग करते समय पत्नी को विश्वास में लेकर तथा उसके सारे भय दूर करके उसे भी इस क्रिया में खुलकर भाग लेने के लिए प्रेरित करे, ताकि उसकी कामशीतलता दूर होकर दांपत्य सुख का चरम आनंद प्राप्त कर सके।

प्रश्न 18 : पुरुषों में कामशीतलता कब पैदा होती है?

उत्तर : जब पुरुष में कामशीतलता के रहते न तो वह संभोग कर पाता है और न ही स्त्री को संतुष्ट। ऐसे पुरुष को नपुंसकता, शीघ्रपतन व ध्वजभंग का रोगी कहते हैं। जब पुरुष में संभोग के प्रति अनिच्छा, उदासीनता, अरुचिकर स्त्री का मिलना, गंदा काम समझने की मानसिकता, चिंता, भय, शोक, क्रोध, घृणा आदि आवेशों से ग्रस्त रहना, शारीरिक निर्बलता, पत्नी के ताने सुनने, असहयोग करने, युवावस्था में अधिक अप्राकृतिक संबंध स्थापित करने, मधुमेह का रोग होना, सेक्स तकनीक के ज्ञान का अभाव होता है, तब भी कमाशीतलता का प्रभुत्व जम जाता है।

पुरुष की कामशीतलता में भी शारीरिक और मानसिक कारणों का पूरा असर होता है। ऐसा पुरुष स्त्री से संभोग करने में डरता है और उससे बचने की कोशिश करता है। फिर भी यदि बेमन से येन-केन-प्रकारेण संभोग क्रिया संपन्न

करता भी है, तो उससे स्त्री की संतुष्टि नहीं होती। इन परिस्थितियों में दांपत्य जीवन में नीरसता, कलहयुक्त बोझिल वातावरण बन जाता है।

पुरुष की कामशीतलता को पैदा करने में स्त्री का भी महत्त्वपूर्ण योगदान होता है। संभोग के लिए मना करना, इसमें सहयोग न देना, ताने कसना, संतुष्ट न होने पर हावी होना, असफल होने पर प्रोत्साहित न करना, केलिक्रीड़ा के लिए तैयार न होना जैसी हरकतें करने से पुरुष निराश और हताश हो जाता है, जिसका पूरा असर पुरुष की कामेच्छा पर पड़ता है। अतः स्त्री का कर्तव्य है कि संभोग के लिए अपनी इच्छा से पहल करे। सक्रिय रूप से खुलकर भाग ले। पुरुष के सारे भय, कमजोरी को दूर करने के लिए प्रोत्साहित करे ताकि विवाहित जीवन नष्ट होने से बच सके।

प्रश्न 19 : सेक्स हार्मोन्स हमारे शरीर में क्या-क्या प्रभाव डालते हैं?

उत्तर : सेक्स ग्रंथियों से स्रावित होने वाले सभी हार्मोन्स को सेक्स हार्मोन्स कहते हैं, जो हमारी सेक्स चेतना को जगाते हैं और संतानोत्पत्ति को प्रभावित करते हैं। यौन अंगों का विकास इन्हीं के द्वारा होता है। वैवाहिक जीवन की सफलता में भी सेक्स हार्मोन्स की अहम् भूमिका होती है।

पुरुष के सेक्स हार्मोन्स टेस्टोस्टेरोन और एन्ड्रोजन्स के नाम से और स्त्री के सेक्स हार्मोन्स प्रोगेस्टेरोन और ओस्ट्रोजन्स के नाम से जाने जाते हैं। फॉलिकल उत्तेजक हार्मोन पुरुष में शुक्राणु उत्पत्ति को नियंत्रित करता है, जबकि स्त्री के अंडाशय में डिंब बनाने के लिए उत्साहित करता है। लूटिनाइजिंग हार्मोन पुरुष में एंड्रोजन्स तथा स्त्री में ओवरी से ओस्ट्रोजन्स और प्रोगेस्टेरोन स्रावित करता है।

पुरुष सेक्स हार्मोन्स का कार्य जननेन्द्रियों को पूर्ण विकसित करना, स्वस्थ और सशक्त बनाना, पौरुषत्व की उत्पत्ति एवं विकास, कामुकता उत्पन्न करना, दाढ़ी, मूंछ, शरीर के अंगों, कांख व यौन अंग के इर्द-गिर्द बालों का विकास करना, आवाज में भारीपन पैदा करना इत्यादि होता है।

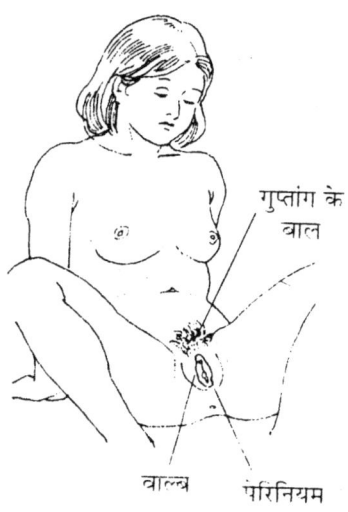

गुप्तांग के
बाल
वाल्व
पेरिनियम

यों तो जवानी में हार्मोन्स अपना सामान्य कार्य करते रहते हैं, लेकिन जैसे-जैसे पुरुष की आयु बढ़ती जाती है, उसी गति से सेक्स हार्मोन्स की क्रियाशीलता मंद होती जाती है और वृद्धावस्था में बहुत कम हो जाती है। ढलती उम्र में जो पुरुष दूसरा या तीसरा विवाह करते हैं, उनके लिए इन हार्मोन्स की अधिक जरूरत पड़ती है, जो हार्मोन चिकित्सा से पूरी की जा सकती है। सेक्स हार्मोन्स की बदौलत ही अनेक बूढ़े व्यक्ति भी जवानों जैसा सेक्स जीवन व्यतीत करते हैं, क्योंकि वे जीवन के सभी क्षेत्रों में उत्साही, साहसी, सफल, धैर्यवान और सक्रियता से काम करते हैं।

स्त्री हार्मोन्स गर्भाशय, योनि, स्तन व अन्य यौन अंगों को विकसित कर उन्हें स्वस्थ और सशक्त बनाते हैं। इसके अलावा मासिक स्राव का जारी रखना, स्तनों में दूध लाना, वाणी में कोमलता, स्त्रियोचित हाव-भाव, यौन क्रिया में

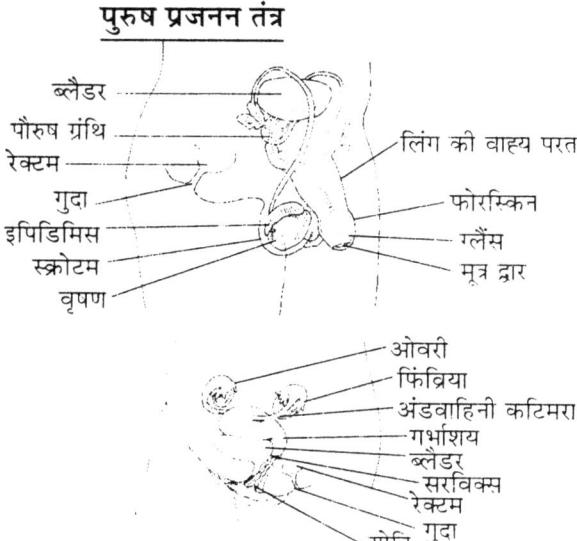

पुरुष प्रजनन तंत्र

ब्लैडर
पौरुष ग्रंथि
रेक्टम
गुदा
इपिडिमिस
स्क्रोटम
वृषण
लिंग की वाह्य परत
फोरस्किन
ग्लैंस
मूत्र द्वार

ओवरी
फिंब्रिया
अंडवाहिनी कटिमरा
गर्भाशय
ब्लैडर
सरविक्स
रेक्टम
गुदा
योनि

उत्तेजना महसूस करना, अंगों और मांसपेशियों में चेतना आना, नितंबों का आकार बढ़ना, गर्भ की स्थापना और फिर गर्भस्थ शिशु के विकास में सहायता पहुंचाने में महत्त्वपूर्ण भूमिका निभाते हैं। जिस स्त्री में सेक्स हार्मोन्स प्रौढ़ावस्था में भी सक्रिय रहते हैं, उनमें सौंदर्य, यौवन और लावण्य बना रहता है।

प्रश्न 20 : स्त्री में पुरुषोचित और पुरुष में स्त्रियोचित गुणों का विकास क्यों होता है?

उत्तर : बर्लिन के कामशास्त्री हिर्शफिल्ड के अनुसार, गर्भाशय में स्थित भ्रूण पर ऐसे अनेक शारीरिक व मानसिक प्रभाव हो सकते हैं, जिसकी बदौलत किसी भी एक लिंग के पूर्ण विकास में कुछ कमियां रह सकती हैं। मादा लिंग का भगांकुर बड़ा होकर लिंग का रूप धारण कर सकता है और नर लिंग में भी कुछ मादापन के लक्षण उत्पन्न हो सकते हैं।

कई पुरुषों और स्त्रियों में सेक्स हार्मोन्स के संतुलन में गड़बड़ होने और वातावरण के प्रभाव से विपरीत लिंग के लक्षणों का विकास दृष्टिगोचर होने लगता है।

मसलन कुछ पुरुष ऐसे होते हैं, जिन्हें स्त्री के वस्त्रों, चूड़ियों को पहनने की चाह, बड़े बाल रखकर चोटी करने की चाह, स्त्री जैसा शृंगार करने की चाह, स्त्रियोचित छाती का विकास, दाढ़ी-मूंछ से लज्जा का अनुभव, स्त्री जैसा शर्माना, कोमलता का भाव लिए घूमते हैं। जबकि कुछ स्त्रियां ऐसी भी होती हैं, जिन्हें पुरुषों के वस्त्र पहनने का शौक होता है, चूड़ियों से नफरत होती है, बाल पुरुषों के समान कटिंग कराकर रखना, शृंगार पसंद न होना, दाढ़ी-मूंछों के प्रति आकर्षण, छातियों के उभारों से लज्जा का अनुभव करती हैं।

फ्रायड, फ्रेन्जी, एडलर और स्टेकल की विचारधारानुसार, समलिंग काम प्रवृत्ति पूर्णतया एक मानसिक प्रक्रिया है। उपरोक्त मनोवैज्ञानिकों के मतानुसार, ऐसे पुरुषों में मातृ मोह ग्रंथि तथा स्त्रियों में पितृ मोह ग्रंथि का होना है। ऐसे स्वभाव व प्रवृत्ति के पुरुषों की माताएं मर्दाना स्वभाव की रही होंगी और अत्यधिक लाड़ प्यार एवं सुरक्षा ने उन्हें पुरुषों के सामने दब्बू एवं दमितकामी बना दिया होगा।

डॉ. फ्रेन्जी के मतानुसार स्त्री की तरह व्यवहार करने वाला अंतर्मुखी प्रवृत्ति का पुरुष सदैव नारी सुलभ व्यवहार का पाया जाता है, जबकि सक्रिय समकामी पुरुष अत्यधिक बहिर्मुखी प्रवृत्ति रखने वाला, अहंवादी तथा पुरुषों पर अधिकार करने की इच्छा रखने वाला महत्त्वाकांक्षी, तानाशाह होता है। ऐसे व्यक्ति का दृष्टिकोण स्त्रियों के प्रति सदैव कटु रहता है और अकसर स्त्रीद्वेषी होता है। स्त्री के साथ संभोग से उसकी संतुष्टि नहीं होती। ऐसे स्त्री-पुरुषों का पूर्ण परीक्षण कर उपचार करना चाहिए और मनोवैज्ञानिकों द्वारा मनोविश्लेषण कर डॉक्टरी उपचार में सहायता पहुंचानी चाहिए।

प्रश्न 21 : हमारे आहार का सेक्स ऊर्जा से क्या संबंध है?

उत्तर : संभोग क्रिया को प्रेरित करने वाली तरंगें और ऊर्जा प्राप्त करने में हमारे आहारों की महत्त्वपूर्ण भूमिका होती है। सेवन किए गए आहार का शरीर में सबसे पहले सत्व बनता है, जिसमें से उपयोगी रस शोषित होकर रक्तादि धातुएं बनती हैं। शरीर के अंग पोषण प्राप्त करते हैं। शरीर की गतिविधियों

को संचालित करने की ऊर्जा प्राप्त होती है। यही ऊर्जा शरीर के प्रत्येक अंग में शक्ति पैदा करती है, जिससे हमारी इंद्रियां सजग रहती हैं।

प्रायः आम लोगों का सोचना है कि तामसिक वृत्ति को जागृत करने वाले खाद्य पदार्थ जैसे—मांस, अंडा, मछली, गरिष्ठ भोजन, लहसुन, प्याज, मादक द्रव्यों का अधिक सेवन करने से शरीर में सेक्स ऊर्जा का संचार होता है, सेक्स शक्ति बढ़ती है। लेकिन वास्तव में ऐसा नहीं होता। इनके सेवन से शरीर में कामेच्छा का संचार अवश्य होता है और शरीर में अग्नि तत्त्व की अधिकता होकर संभोग की क्रिया का यांत्रिक संचालन हो जाता है। इससे भावनात्मक सुख की अनुभूति नहीं होती।

आयुर्वेद के आचार्यों का कहना है कि अधिक सेक्स ऊर्जा प्राप्त कर संभोग सुख के लिए मांस, अंडा, मछली, मदिरा का सेवन करना जरूरी नहीं है। ऋतु, देशकाल के अनुसार आहार-विहार किया जाए, तो प्रकृति ही हममें संभोग शक्ति की ऊर्जा का संचार कर देती है। शाकाहारियों की सेक्स क्षमता भी कम नहीं होती, यहां तक कि उनकी संतान भी पूर्ण स्वस्थ और हृष्ट-पुष्ट होती है। इसके विपरीत, जो व्यक्ति आवश्यकता से अधिक तमोगुणी भोजन वर्षों तक सेवन करते रहते हैं, उनमें बाद में नपुंसकता के लक्षण पैदा हो जाते हैं और उनकी संतानें कभी-कभी गूंगी, अंधी, बहरी और अपाहिज तक उत्पन्न होने की संभावना बनी रहती है।

अंकुरित अन्न में विटामिन ई होता है, जो पौरुष-शक्ति को बढ़ाने व नपुंसकता को दूर करने में कारगर है, अतः अंकुरित गेहूं, मूंग, चना के साथ खजूर का सेवन नियमित रूप से करना चाहिए। इसके अलावा आहार में दूध, घी, मक्खन, दही, आलू, चावल, बादाम, अखरोट, गाजर, गोभी, नारियल, उड़द की दाल, मूंगफली का भरपूर सेवन किया जाना उत्तम होगा।

प्रश्न 22 : स्त्री के सेक्स अंग में भगसाना (Clitoris) का क्या महत्त्व है?

उत्तर : भगसाना को भगांकुर के नाम से भी जाना जाता है। यह स्त्री का

यौनांग कहलाता है, जो योनि में स्थित मूत्रछिद्र से आधा इंच ऊपर स्थित होता है। यह स्थान छोटे भगोष्ठों के आपस में मिलने का होता है। भगांकुर आकार में मटर के दाने के समान दिखाई पड़ता है। वैसे यह अंग पुरुष के शिश्न के आकार का होता है, लेकिन इसका जरा-सा आगे का भाग ही दिखाई देता है। शेष भाग मांस में छिपा रहता है। किसी-किसी स्त्री में यह अंग एक से दो इंच का भी होता है। और कभी-कभी दिखलाई भी नहीं पड़ता।

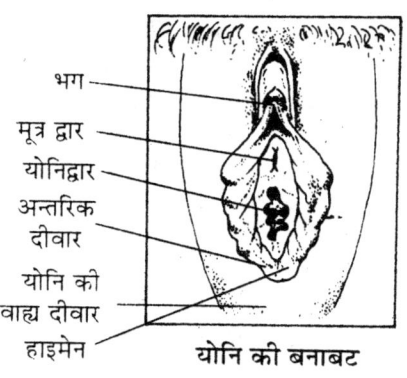

भग
मूत्र द्वार
योनिद्वार
अन्तरिक दीवार
योनि की वाह्य दीवार
हाइमेन

योनि की बनाबट

भगांकुर को सहलाने, दबाने और रगड़ने से अत्यधिक कामोत्तेजना का अनुभव होता है। स्त्री इसे सहन नहीं कर पाती और इतनी अधिक मादक व कामोत्तेजित हो जाती है कि पुरुष से संभोग कराने हेतु आतुर हो जाती है। उत्तेजित अवस्था में भगांकुर पुरुष के शिश्न की तरह कठोर हो जाता है। शारीरिक और मानसिक उत्तेजना होने भर-से इसमें खून का दौरा बढ़ जाता है।

संभोग के दौरान जब पति-पत्नी की योनि में शिश्न से घात-प्रतिघात कर घर्षण करता है, इस बीच शिश्न का मूल हिस्सा भगांकुर से रगड़ खाता है, तो स्त्री को असीम सुख की अनुभूति होती है। जो पुरुष स्त्री की इस कमजोरी को समझ लेते

हैं, उनकी स्त्री कभी असंतुष्ट या अतृप्त नहीं रहती । मात्र इस अंग को उंगली से रगड़कर स्त्री को सेक्स के लिए तैयार किया जा सकता है । उल्लेखनीय है कि जिन स्त्रियों का भगांकुर विकसित नहीं होता, वे नियमित संभोग कराके इसे विकसित कर सकती हैं ।

प्रश्न 23 : सेक्स में शरीर की गंध का क्या महत्त्व है?

उत्तर : पुरुष शरीर से निकलने वाली गंध का स्त्री शरीर पर अनुकूल व उत्तम प्रभाव पड़ता है, यह बात अनुसंधानों से ज्ञात हो चुकी है । यही वजह है कि पश्चिमी देशों में अब ऐसे क्रीम, पाउडर और इत्रों का निर्माण शुरू कर दिया है, जिसमें मर्दाना खुशबू आती है । इनके इस्तेमाल से स्त्री को वही लाभ मिलता है, जो पुरुष के रू-ब-रू संपर्क में रहकर प्राप्त किया जा सकता है ।

अंग्रेज तंत्रिका विज्ञानी, वाई. जेड. यंग के मतानुसार, गंध ही एकमात्र ऐसी शक्ति है, जिसे ग्रहण तो मस्तिष्क के कोश करते हैं, लेकिन उनका पूरा प्रभाव सांस और रक्त के माध्यम से पूरे शरीर को मिलता है । यही वजह है कि मादक गंधों का मानव के जीवन से अटूट संबंध होता है ।

वैसे तो स्त्री और पुरुष, दोनों की ही अपनी-अपनी विशिष्ट गंध होती है । इस गंध के आगे क्रीम, पाउडर और सेंट की गंध का कोई विशेष महत्त्व नहीं रहता । सूंघने की शक्ति का सेक्स ऊर्जा बढ़ाने में बहुत बड़ा हाथ होता है ।

याद रखें, प्रत्येक पुरुष को अपनी स्त्री की और प्रत्येक स्त्री को अपने पुरुष की विशिष्ट गंध का अहसास मालूम होता है । जब स्त्री या पुरुष अन्य पुरुष या स्त्री से यौनिक सुख प्राप्त करके आता है, तो उसके जीवन साथी को उसकी विशेष गंध व उसमें आए शारीरिक परिवर्तनों से ज्ञात हो जाता है कि वह कहीं और से सेक्स सुख प्राप्त करके आ रहा है ।

प्रत्येक स्त्री-पुरुष को अपनी व्यक्तिगत सफाई का पूरा ध्यान देना चाहिए । अन्यथा उनके जीवन साथी के शरीर की दुर्गंध से दूसरे की कामेच्छा का अंत हो सकता है । गुप्तांगों, बगलों के बालों की सफाई, पसीने की दुर्गंध, मुंह, जीभ, दांतों की सफाई नियमित रूप से करें, ताकि उनसे दुर्गंध पैदा न हो ।

शारीरिक अंगों से निकलने वाली दुर्गंधों को तामसिक भोजन छोड़कर दूर किया जा सकता है। उसके स्थान पर सादा पौष्टिक भोजन सेवन करें। मासिक धर्म के समय स्त्रियों में एक विशेष प्रकार की गंध निकलती है, जो पुरुष में वितृष्णा पैदा करती है, अतः उसे दूर करने के लिए सुगंधित पैड्स का इस्तेमाल किया जाना उचित होगा। इसी प्रकार स्वस्थ पुरुषों के वीर्य से निकलने वाली गंध अरुचिकर नहीं होती, लेकिन तामसिक तथा विशेष प्रकार की गंध आती है।

प्रश्न 24 : सेक्स अंगों का स्पर्श, चुंबन और आलिंगन क्यों किया जाता है?

उत्तर : पति-पत्नी का परस्पर स्पर्श मात्र एक साथ कई भावनाओं की अनुभूति कराता है। मसलन प्रेम, दया, करुणा, लगाव, अपनापन आदि। इसीलिए जीवन में स्पर्श का बहुत ही महत्त्वपूर्ण स्थान होता है। यह भावनाओं के आदान-प्रदान का सर्वोत्तम माध्यम है। स्पर्शानुभूति की पति-पत्नी दोनों की चाह सफल और सुखद दांपत्य जीवन की बुनियाद होती है।

समय-समय पर पति-पत्नी का एक-दूसरे के हाथों में हाथ लेना, सहलाना, चूमना, लिपटना, गले में बांहें डालना, आलिंगनबद्ध होना प्रेम व्यक्त करने वाली कलाएं हैं। ऐसे सुखद अहसास पाने के लिए अपने व्यस्ततम समय में से पल-दो-पल निकालने की कोशिश अवश्य करनी चाहिए। इसके लिए जरूरी नहीं कि एकांत ही ढूंढ़ा जाए। दिनभर में एक बार भी ऐसा प्यार भरा स्पर्श एक-दूसरे को मिल जाए, तो सारा तनाव दूर हो जाता है।

वास्तव में संभोग से भी अधिक रोमांचक व सुखकर अनुभूति का अहसास मात्र स्पर्श से प्राप्त किया जा सकता है। इससे न केवल दांपत्य जीवन में भरपूर आनंद मिलता है, बल्कि दोनों के मन प्रसन्न रहते हैं। सेक्स की अनुभूति उत्पन्न करने के लिए किया गया स्पर्श वक्षस्थल, कटि प्रदेश का पार्श्व, नितंब, पीठ, जंघा, चेहरा, कंधे, कंठ प्रदेश, सिर, मस्तक तथा बाह्य यौनांगों पर विशेष रूप से प्रभावशाली होता है। इसे हथेली या अंगुलियों से धीरे-धीरे शरीर को छूकर किया जाता है। सेक्स भावना को बढ़ाने के लिए चुंबन का भी बहुत बड़ा महत्त्व होता है। होंठ और जीभ की सहायता से चेहरे पर प्रायः सभी जगह का चुंबन लिया जा सकता है; क्योंकि होंठ, मुंह, मस्तक, ललाट, कनपटी, नेत्र, गाल सभी जगह इसकी अनुभूति होती है। इसके बाद कंधे, स्तन, स्तन के आसपास का भाग, नाभि, उदर क्षेत्र में भी चुंबन लेने से सुखद सेक्स की अनुभूति होती है। नीचे के अंगों में जंघाएं, योनि प्रदेश पर किया गया चुंबन भी सेक्स भावना को बढ़ाता है। चुंबन अंगों की स्थिति देखकर, मृदु यानी मात्र स्पर्श करके, चूसकर या तीव्र गति से दांतों का हलका प्रयोग करके लिए जाने का आम चलन है।

पति-पत्नी के आपसी प्रेम को बढ़ाने के लिए आलिंगन किया जाता है। आलिंगन में वे एक-दूसरे से लिपट जाते हैं और दोनों अपनी-अपनी बाहों को कसकर एक-दूसरे में विलीन हो जाने का प्रयत्न करते हैं। आलिंगन लेते समय स्थान, मौके की नजाकत, विवाह पूर्व और बाद की अवस्था, विरह के बाद मिलन, संभोग के पूर्व की स्थिति का विशेष महत्त्व होता है। स्त्री-पुरुष की कामेच्छा बढ़ाने में आलिंगन एक जरूरी प्रक्रिया है।

प्रश्न 25 : स्त्री की सेक्स उत्तेजना बढ़ाने वाले अंग कौन-कौन से हैं?

उत्तर : प्रायः स्त्री का सारा शरीर ही संवेदना और उत्तेजना को ग्रहण करने में समर्थ होता है। मसलन शरीर की लावण्यता, मांसलता तथा त्वचा का चिकनापन पुरुष के लिए उसकी कामोत्तेजना बढ़ाने के लिए काफी होता है।

स्त्री की सेक्स उत्तेजना बढ़ाने वाले अंगों में होंठ, नेत्र, गर्दन और कान के आसपास की त्वचा, स्तन और कुचाग्र, जानु, जांघ की भीतरी त्वचा, नाभि, वक्षस्थल, कपोल, भग प्रदेश, भगोष्ठ, भगांकुर एवं कमर का महत्त्वपूर्ण योगदान होता है। स्तनों एवं चूचुकों का चुंबन और मर्दन स्त्री को सर्वाधिक आनंदित कर उत्तेजना पहुंचाता है, जबकि भगांकुर का मर्दन उसे उत्तेजना की चरम सीमा तक पहुंचाने में समर्थ होता है। शेष अंगों का स्पर्श, मर्दन, चुंबन, छेड़छाड़ और आलिंगन संभोग क्रिया प्रारंभ करने के पूर्व काफी महत्त्व रखते हैं। अतः स्त्री में सेक्स उत्तेजना बढ़ाने वाले अंगों का महत्त्व हर पुरुष को ज्ञात होना चाहिए, अन्यथा स्त्री-पुरुष को संभोग से पूर्ण आनंद और सुख की अनुभूति होना संभव न होगा।

प्रश्न 26 : मासिक धर्म में रक्तस्राव क्यों होता है और इसमें दुर्गंध क्यों आती है?

उत्तर : किशोरावस्था प्रारंभ होने के साथ ही स्त्री योनि से जो स्राव होता है, उसे मासिक धर्म कहते हैं। प्रत्येक स्त्री के लिए यह एक अत्यंत महत्त्वपूर्ण प्राकृतिक क्रिया है, क्योंकि उसके स्वास्थ्य, सौंदर्य, शक्ति व संतान सुख का इससे घनिष्ठ संबंध होता है। स्त्री जीवन पर भी इसके नियमित या अनियमित होने का बहुत प्रभाव पड़ता है।

स्त्री को मासिक धर्म आना इस बात का द्योतक है कि उसके प्रजनन संबंधी अंग पुष्टता को प्राप्त हो रहे हैं और अब वह संतानोत्पादन के योग्य बनने जा रही है। सामान्यतया दो मासिक धर्म के बीच का अंतराल 28 दिनों का होता है, परंतु यह अंतराल कम या ज्यादा दिनों का भी हो सकता है। मासिक धर्म में स्राव 3-4 दिनों तक होता है। किसी-किसी को 5-6 दिनों तक भी स्राव आ

सकता है। एक दिन स्राव 50 से 100 मिलीलीटर तक होता है। इसकी मात्रा कम या ज्यादा हो सकती है। शुद्ध स्राव का रंग कुछ कालापन लिए हुए लाल होता है, जो जल्दी जमता नहीं। इससे स्त्री को कोई हानि नहीं होती, बल्कि शरीर से दूषित पदार्थ बाहर निकल जाते हैं। इस स्राव में गर्भाशय की दीवारों की झिल्ली टूटकर निकलती है और शिराओं, कोशिका, नलियों के टूटने से उत्पन्न दूषित रक्त, श्लेष्मा व योनिगत स्राव होते हैं। टूटी हुई झिल्लियों के स्थान पर फिर नई झिल्ली आ जाती है और उसी प्रकार की प्रक्रिया हर माह चलती रहती है। इस दौरान स्त्री अपने दैनिक कार्य कर सकती है।

मासिक धर्म के दिनों में स्त्री के शरीर से एक विशेष प्रकार की दुर्गंध आती है, जो शरीर के भीतर होने वाले कुछ परिवर्तनों के कारण और स्राव का संपर्क हवा से होने के कारण उत्पन्न होती है। इस दुर्गंध के कारण स्त्री बहुत परेशान रहती है, मन में ग्लानि महसूस करती है और लोगों के बीच जाने, बैठने से घबराती है। दुर्गंध दूर करने के लिए शरीर और यौनांग के आसपास सुगंधित पाउडर व अच्छे डिओडोरेन्ट का इस्तेमाल किया जा सकता है। इससे पारस्परिक प्रेम-भाव में वृद्धि होती है।

प्रश्न 27 : मासिक धर्म आने के पूर्व मानसिक तनाव व शारीरिक कष्ट क्यों होते हैं?

उत्तर : स्त्री में मासिक धर्म आने के पूर्व होने वाले मानसिक तनाव व शारीरिक कष्टों को चिकित्सा विज्ञान की भाषा में 'प्री मेंस्ट्रुअल टेंशन सिंड्रोम' के नाम से जाना जाता है। बहुत-सी स्त्रियों को मासिक धर्म शुरू होने के कुछ दिनों पूर्व से ही मानसिक और शारीरिक कष्ट होने लगते हैं और स्राव के शुरू होते ही धीरे-धीरे गायब हो जाते हैं।

इसमें मुख्य रूप से चिड़चिड़ापन, आलस्य, मूड का परिवर्तनशील होना, गाली-गलौज करना, हिंसक व्यवहार पर उतर आना, आत्महत्या की कोशिश करना, उन्मादवश हत्या करना, क्रोध और मानसिक उत्तेजना, निराश होना, चिंता करना, नींद न आना, भूल जाना, पति, बच्चों और परिवार के प्रति उपेक्षा भाव, पेडू,

कमर, पिंडलियों और मांसपेशियों में दर्द होना, जी मिचलाना, चक्कर आना, दिल का ज्यादा धड़कना, सांस फूलना, पेट, सिर में दर्द, बीमार और सुस्त नजर आना, पाचन क्रिया की गड़बड़ी, बार-बार मूत्र त्याग की इच्छा होना, स्तनों में सूजन, भारीपन, दर्द महसूस करना, वजन बढ़ना। ये सारी तकलीफें स्त्री के जीवन की बाध्यता है। जरूरत है उसे अपने को चुस्त रखने की।

जो स्त्री मासिक धर्म का महत्त्व न समझकर उसे दूषित शारीरिक प्रक्रिया मानती है, उस पर नकारात्मक प्रभाव पड़ता है और डर की वजह से वह तनावग्रस्त रहने लगती है। ऐसी स्त्री रतिक्रिया से भी कतराती है। चिकित्सकों का मत है कि मासिक धर्म के पूर्व तनाव व कष्टों का कारण सेक्स हार्मोन्स से संबंधित होता है अथवा मस्तिष्क में पर्याप्त मात्रा पाइरीडॉक्सिन नामक रसायन उत्पन्न न होने से भी ये परेशानियां होती हैं। इस अवसर पर स्त्री में प्रेजेस्ट्रोजन हारमोन और 'एनडोरफिन' नामक रासायनिक तत्त्व की कमी भी हो जाती है, जिसके कारण भी उपरोक्त समस्याएं खड़ी होती हैं। वैज्ञानिकों का कहना है कि असंतुलित भोज्य पदार्थों के सेवन से मस्तिष्क में सिरोटिनिन नामक तत्त्व की कमी हो जाती है, जिससे भावनात्मक तनाव के लक्षण पैदा होते हैं। इन सभी कष्टों में मनोचिकित्सा की जरूरत अधिक होती है, अतः ऐसी स्त्री के प्रति सहानुभूतिपूर्ण व्यवहार करके किसी कुशल स्त्रीरोग-विशेषज्ञ से परामर्श कर उचित चिकित्सा करानी चाहिए।

प्रश्न 28 : प्रथम मासिक धर्म विलंब से आने के क्या कारण और लक्षण होते हैं?

उत्तर : जब लड़की की आयु 15-16 वर्ष की हो चुकी हो और उसे प्रथम मासिक धर्म न आए, तो इसे किसी रोग का कारण ही समझकर स्त्री रोग विशेषज्ञ के पास ले जाकर पूर्ण परीक्षण कराएं। इस विकृति को अनार्तव या एमेनोरिया कहते हैं।

कुछ स्त्रियों में योनि (Vagina) के मुख पर स्थित हाइमेन (Hymen) के बहुत कड़ा होने से या फिर उसमें छिद्र न होने से, जननांगों की रचना में जन्मजात विकृति होने से, अंतःस्रावी ग्रंथियों के स्रावों का असंतुलन होने या

जननांग के किसी अंग का निर्माण ही न होना इत्यादि कारणों से भी किशोरावस्था में स्त्री का मासिक धर्म शुरू नहीं हो पाता है।

मासिक धर्म आने में विलंब के कारण अनेक रोगों के लक्षण उभरकर सामने आने लगते हैं। मसलन चंचलता का गुण नष्ट होकर चेहरे पर उदासी और आलस्य छाया रहता है। चेहरे की कांति जाती रहती है। यौवन आने के चिह्न नजर ही नहीं आते। स्वर में बदलाव आ जाता है। मधुर और कोमल आवाज की जगह पुरुष जैसी कठोरता हो जाती है। पुरुषों के समान ही मूंछों के बाल भी निकल आते हैं। वक्षस्थल पर स्तनों का पूर्ण विकास नहीं होता। हृदय की धड़कन बढ़ना, आलस्य आना, सिर, पेट और कमर मं दर्द होना, बुखार के साथ हाथ-पैरों में जलन की अनुभूति होना, नाक से रक्तस्राव होना, वमन और जी मिचलाहट की शिकायत होना, पेट में भारीपन और खिंचाव की तकलीफ, जरा से काम करने में सांस का फूलना, जांघों में पीड़ा की अनुभूति, शोथ, त्वचा की बीमारियां जैसे लक्षण प्रथम मासिक धर्म में विलंब होने के कारण देखने को मिल सकते हैं।

प्रश्न 29 : मासिक धर्म के दिनों में छुआछूत मानने की प्रथा क्यों है?

उत्तर : मासिक धर्म के दिनों में स्त्री को हेय दृष्टि से देखा जाता है और उससे अछूतों जैसा व्यवहार किया जाता है। हमारे देश में रजस्वला स्त्री को अस्पृश्य माना जाता है। जैन, मारवाड़ी और दक्षिण भारतीय महिलाओं के दृष्टिकोण से मासिक धर्म के दौरान स्त्री का शरीर पवित्र नहीं रहता। कपड़े अथवा खाने-पीने की चीजें उसे मनाही होती हैं। पापड़ बनाना, बड़ी, अचार पर परछाईं पड़ना, नहाना, बाल धोना, तैरना, व्यायाम करना, संभोग करना, आंखों में काजल लगाना, पानी को छूना, दिन में सोना, रस्सी कूदना, हंसना, खेलना, परिश्रम करना, मालिश करना जैसे कार्य करने भी उसके लिए वर्जित हैं। पूजा करने का तो सवाल ही पैदा नहीं होता।

पुराणपंथी महिलाओं की मान्यता तो यहां तक है कि मासिक धर्म वाली स्त्री के हाथ का भोजन खाने से पुरुष की उम्र घट जाती है। ऐसी स्त्री को अलग .

बिस्तर पर सोना पड़ता है। अलग बर्तन में खाना और उसे स्वयं ही मांजने का भी नियम है। कहीं-कहीं घर के सारे कपड़े धोना और सारे बर्तन मांजने का काम ऐसी स्त्री को सौंप दिया जाता है।

वैज्ञानिकों के मतानुसार, मासिक धर्म के दिनों में शारीरिक सफाई की ओर विशेष ध्यान देकर, पैड का इस्तेमाल करते हुए अधोवस्त्र पहनकर चुस्त-दुरुस्त बनके घर के सारे कार्य किए जा सकते हैं। पुरुष को चाहिए कि इन दिनों में स्त्री से सहानुभूतिपूर्वक व्यवहार करके उसका मनोबल बढ़ाए। मासिक धर्म में अपवित्र होने की भावना मन से निकाल दें। ऐसे दिनों में 4-5 दिन अपाहिजों की तरह स्त्री को समय गुजारना कतई ठीक नहीं कहा जा सकता।

प्रश्न 30 : श्वेत प्रदर क्या होता है? अधिकांश नारियां इससे क्यों पीड़ित होती हैं और इस बीमारी के क्या-क्या लक्षण होते हैं?

उत्तर : स्त्री की योनि से दिन-रात जुकाम की तरह निकलने वाला सफेद मटमैला या पीला-सा स्राव ही श्वेत प्रदर है। इसे आम भाषा में 'सफेद पानी' की बीमारी अथवा चिकित्साशास्त्र में ल्यूकोरिया के नाम से जाना जाता है। इससे अधिकांश स्त्रियां पीड़ित रहती हैं। यह रोग प्रायः शहर में रहने वाली समृद्ध परिवार की स्त्रियों को 25 से 35 वर्ष की उम्र तक अधिक होता है।

श्वेत प्रदर का रोग शारीरिक दुर्बलता, छोटी उम्र में शादी होना, शीघ्र ही गर्भ ठहरना, गर्भाशय, डिंबग्रंथियों, गर्भाशय का अपने स्थान से टलना, तीव्र औषधियों को गर्भाशय में रखने, गर्भाशय का कैंसर, योनि मार्ग की सूजन, जननेंद्रिय में फोड़ा-फुंसी होना, मूत्राशय की सूजन, डिंबाशय शोथ, बार-बार गर्भपात, अधिक संतानोत्पत्ति, सिफलिस, गनोरिया, रक्ताल्पता, जिगर के रोग, मधुमेह, अजीर्ण, गुर्दा के विकार आदि रोगों के लक्षण के रूप में उत्पन्न होता है।

इस बीमारी के लक्षणों में योनि का हमेशा गीली बना रहना, दिन-रात सफेद स्राव निकलना, कभी कम तो कभी ज्यादा मात्रा में स्राव का निकलना, कपड़ों पर दाग पड़ना, स्राव के प्रभाव से योनि में जलन और खुजली आना, स्राव में दुर्गंध आना, जांघों में चलने, उठने पर भारीपन, दर्द, भोजन का न पचना, अरुचि,

कब्ज, सिरदर्द, चक्कर आना, बार-बार मूत्र त्याग की इच्छा, शरीर और मन में उत्साह की कमी, आंखों के नीचे गड्ढा होना व चारों तरफ कालापन, हमेशा थकावट महसूस करना, चिड़चिड़ापन, कमजोरी, मलिनता हाथ-पैरों में जलन, कमर में दर्द, उदास रहना, सीने में भारीपन और दर्द विशेष रूप से देखने को मिलते हैं।

श्वेत प्रदर का रोग होने पर प्रारंभ से ही इसका उपचार शुरू कर देना चाहिए, क्योंकि इस अवस्था में यह रोग आसानी से ठीक हो जाता है। इसके रोगी को कब्ज से बचना चाहिए अन्यथा इसका स्राव बढ़ जाता है। हलका, सादा और सुपाच्य पौष्टिक भोजन का सेवन करें।

प्रश्न 31 : पुरुष के वीर्य को इतना अधिक महत्त्व क्यों दिया जाता है? शरीर में वीर्य का क्या कार्य है?

उत्तर : यजुर्वेद में कहा गया है—

"शुक्रं तद्ब्रह्म आपः स प्रजापति।" अर्थात् वीर्य ही ब्रह्म है, जीवन है और सृष्टिकर्ता है, वीर्य शरीर को पुष्ट करने वाला है, अतः अमृत तुल्य है। इसके धारण मात्र से ही जीवन है तथा सृष्टि का सृजन होता है।

शिवसंहिता में वर्णित है—

"मरण बिंदुपातेन जीवनं बिंदु धारणात्।
तत्मात् अति प्रयत्नेन करणं बिंदु रक्षणम्।।"

अर्थात् बिंदुपात (वीर्य क्षय) से ही मृत्यु है और बिंदु धारण अर्थात् वीर्य वृद्धि से जीवन है। अतः प्रयत्नपूर्वक बिंदु (शुक्र) को धारण करना चाहिए। भगवान शिव ने वीर्य की महत्ता का वर्णन करते हुए कहा है—"जिसके प्रभाव से संपूर्ण ब्रह्मांड में मेरी ऐसी महिमा हुई है, उस वीर्य के धारण से जगत में ऐसा कौन-सा कार्य है जो सिद्ध नहीं होता।"

सुश्रुत और अन्य प्राचीन ग्रंथों में लिखा है कि जो भोजन हम सेवन करते हैं, उससे रस तैयार होता है। इस रस से रक्त, रक्त में मांस, मांस से मेद, मेद से

अस्थि, अस्थि से मज्जा और मज्जा से वीर्य का निर्माण होता है।

उपरोक्त अवैज्ञानिक धारणाओं के कारण ही आम पुरुष के मन में यह धारणा घर कर गई है कि वीर्य रक्षा से ही शारीरिक बल शक्ति है। इस भय के कारण वे संभोग क्रिया द्वारा जीवन का आनंद उठाने में डरते हैं।

वैज्ञानिकों के मतानुसार वीर्य एक ऐसा तरल पदार्थ है, जो शरीर की दो मुख्य ग्रंथियों के स्राव से बनता है। अंडकोषों में शुक्राणु बनते हैं, जो पौरुष ग्रंथियों के स्राव से मिलकर वीर्य की रचना करते हैं। वीर्य की उत्पत्ति रक्त से नहीं होती। यह मान्यता भी गलत है कि वीर्य संग्रह से पुरुष बलवान बनता है और उसमें व्यायाम की अधिक शक्ति आती है। स्त्री संभोग से शक्ति का क्षय होता है और थकान व कमजोरी आती है। परंतु पुरुष को मानसिक दबाव व रक्त परिभ्रमण की तीव्रता के कारण ही थकान और कमजोरी संभोग के बाद महसूस होती है। हमारे जननांगों में वीर्य का निर्माण निरंतर होता रहता है। इसका निरंतर बनना यही दर्शाता है कि इसे संभोग क्रिया द्वारा अवश्य निकाला जाए, न कि हमेशा संग्रह करके रखा जाए। पानी की टंकी जब भर जाती है, तो उसे नल खोलकर बहाया न जाए, तो वह ऊपर स्वप्नदोष के जरिए शरीर से निकलने की प्रक्रिया जैसे बाहर निकलकर व्यर्थ ही बह जाता है।

वीर्य का अर्थ होता है, ऊर्जा (Energy)। वीर्य में नया शरीर पैदा करने की शक्ति होने के कारण इसका एक प्रमुख कार्य संतानोत्पत्ति है। दूसरा महत्त्वपूर्ण कार्य हमारे शरीर में शक्ति, सुंदरता, तेज, नीरोगता और यौन शक्ति का संचार करना होता है।

प्रश्न 32 : उत्तम वीर्य और रज की क्या पहचान है?
उत्तर : आयुर्वेद के अनुसार—

> "शुक्र सौम्यं सितं स्निग्धं बलपुष्टिकरं स्मृतम्।
> गर्भबीज वपुः सारो जीवनस्याश्रमोत्तमः।।"

अर्थात् शुद्ध वीर्य वही है, जो पारदर्शक जैसा स्वच्छ, गाढ़ा, गुरु, सफेद रंग का, मधु के समान सुगंधवाला, दोष रहित और प्रमाण में अधिक होता है। ऐसा ही

शुक्र सुंदर और नीरोगी संतान उत्पन्न करने में सक्षम होता है।

उत्तम और शुद्ध वीर्य वाले पुरुष का व्यक्तित्व सुशील, सौम्य, गौर वर्ण, हृष्ट-पुष्ट सुडौल शरीर और दीप्तिमान होता है। ऐसे पुरुष नीरोगी, संभोग प्रिय, स्त्री को पूरी तरह संतुष्ट करने वाले होते हैं। इनमें शुक्र और ओज का बाहुल्य होने के कारण संभोग की इच्छा तथा अपनी पत्नी को सेक्स सुख देने की बलवती इच्छा होती है। इस कारण उनका सेक्स जीवन आनंदपूर्वक गुजरता है और पत्नी को पूरी तृप्ति मिलती है।

स्त्री में शुद्ध रज महीने में एक बार ही निकलता है और यह 4-5 दिन तक जारी रहता है। न कम, न अधिक और न अल्प। उत्तम रज स्निग्ध तथा मधु के समान गंधवाला होता है। इसका रंग लाल कमल, गुंजाफल, लक्षारस व इंद्रगोप के समान होता है और इससे कपड़ों पर दाग नहीं पड़ते। रज का रक्त अत्यंत छोटी-छोटी कोशिकाओं व शिराओं से निकलकर गर्भाशय में आता है। इस अवसर पर अगर वीर्य के संपर्क में न आने के कारण गर्भ की स्थापना नहीं होती है, तो गर्भाशय संकुचित होने से वीर्य के शुक्र को प्रवेश नहीं मिलता।

प्रश्न 33 : वीर्य में शुक्राणुओं की कमी क्यों पैदा होती है?

उत्तर : वीर्य में शुक्राणाओं की कमी के कई कारण होते हैं, मसलन पुरुष का अत्यधिक मानसिक तनाव की स्थिति में रहना, अल्ट्रावायलेट किरणों, एक्सरे की किरणों के दुष्प्रभाव स्वरूप, लंबे समय तक ज्वर रहना, आग, भट्ठी के पास बैठकर घंटों काम करना, पहलवानों के समान लंबे समय तक कसा हुआ लंगोट बांधने की आदत, तंबाकू, शराब का अति सेवन, पर-स्त्री गमन में अधिक रुचि लेना, अंडकोषों को गर्मपानी में डूबाने, सिफलिस, गनोरिया रोग होना, स्त्री की योनि में अम्लीय वातावरण होना, अत्यधिक हस्तमैथुन कर वीर्यपात करना, अधिक स्वप्नदोष होना, अत्यधिक रक्ताल्पता, वीर्य मार्ग में अवरोध होना, उसमें जीवाणुओं का संक्रमण आदि। इसके अलावा लंबे समय तक अत्यधिक तीक्ष्ण-उष्ण आहार का सेवन करने वालों में शुक्राणुओं की संख्या अकसर कम हो जाती है। वीर्य में शुक्राणुओं की कमी को शुक्रवर्द्धक औषधियों के लंबे

समय तक सेवन करने से लाभ हो सकता है। जिन कारणों से यह कमी होती है, उन्हें दूर करके इलाज करवाया जाए, तो जल्द फायदा मिलता है।

प्रश्न 34 : संभोग में स्त्री-पुरुष को विशेष आनंद की अनुभूति क्यों होती है?

उत्तर : यदि संभोग का आनंद इस संसार से निकाल दिया जाए, तो यह संसार ही असार हो जाएगा। जो पुरुष इस परमानंद के आनंद से अपरिचित हैं या किसी कारण से वंचित रह गए हों, उनका जीवन ही नीरस समझना चाहिए।

पुरुष के सेक्स अंग शिश्न के शिश्नमुंड, जो सुपारी के समान गोलाकार होता है, पर अत्यंत मुलायम त्वचा की पतली-सी परत चढ़ी होती है। इसके अंदर अति संवेदनशील तंतुओं का जाल-सा बिछा होने के कारण यह अंग शरीर का सर्वाधिक संवेदनशील अंग कहलाता है। शिश्नमुंड को ढकने वाली चमड़ी को 'शिश्नावरण त्वचा' कहते हैं। इन दोनों की अत्यधिक संवेदनशीलता के कारण ही संभोग के दौरान शिश्नावरण त्वचा के बार-बार आगे-पीछे जाने की प्रक्रिया से पुरुष को असीम आनंद की अनुभूति होती है। यह अनुभूति वीर्य स्खलन के समय और भी बढ़ जाती है।

स्त्री के सेक्स अंग योनि में स्थित भगसाना (भगांकुर) अत्यंत संवेदनशील होने के कारण संभोग क्रिया के दौरान शिश्न से रगड़ लगने से अपरिमित सुखदायक यौनांद की अनुभूति मिलती है। इसके अलावा योनि में शिश्न के प्रवेश और घर्षण से भी सुख मिलता है। संभोग करने की भावना मन में आते ही मानसिक उत्तेजना आने और पुरुष द्वारा केलिक्रीड़ा करने से शारीरिक उत्तेजना जागृत होकर संभोग क्रिया में पुरुष के बराबर सुख की प्राप्ति होती है, और चरमसुख की अनुभूति होती है।

प्रश्न 35 : संभोग में स्त्री-पुरुष को तृप्ति की अनुभूति कब होती है? उसकी पहचान के क्या-क्या लक्षण होते हैं?

उत्तर : यह सत्य है कि अनेक बार सहभागिता से संभोग सुख भोगने वाले

दंपती भी यह स्पष्टतौर पर नहीं जानते कि सेक्स की संतुष्टि, यानी संभोग तृप्ति क्या है? संभोग एक प्रकार की शारीरिक भूख है, जबकि सेक्स सुख तन से ज्यादा मन को संतोष देता है। मन की तृप्ति ही बाद में प्यार की तमाम अनुभूतियों को प्रकट करती है।

सामान्यतया संभोग क्रिया से अधिकांश पुरुषों को तृप्ति मिल जाती है, क्योंकि इस दौरान उसकी कामोत्तेजना प्रबल हो जाती है। इस प्रकार पुरुष के संभोग की समाप्ति उसके स्खलन से ही हो जाती है। चूंकि स्त्री में संभोग क्षमता पुरुष की अपेक्षा कई गुना अधिक होती है और वह शीघ्र कामोत्तेजित भी नहीं होती, अतः संभोग के पूर्व केलिक्रीड़ा करके उसे उत्तेजित किया जाता है, ताकि संभोग क्रिया प्रारंभ की जाए, तो सच्चे सुख का अनुभव दोनों को साथ-साथ मिले और समान रूप से तृप्ति की अनुभूति हो सके।

संभोग में स्त्री तभी तृप्त होती है, जब उसका पति इस क्रीड़ा के अंत तक उसका भरपूर साथ दे। यदि बीच में ही स्खलित हो भी जाए, तो भी स्त्री को पूर्ण तृप्ति प्रदान करने के बाद ही उससे दूर हो। इसके लिए शीघ्रपतन होने वाले पति को पूर्व में केलिक्रीड़ा अवश्य करनी चाहिए। स्त्री को पति से लज्जा व संकोच न कर, मांस के लोथड़े की तरह पड़े न रहकर संभोग के दौरान खुलापन प्रदर्शित कर सक्रियता से भाग लेना चाहिए, तभी उसे पूर्ण तृप्ति की अनुभूति होती है। जब स्त्री संभोग के समय शिथिल होकर अपना शरीर ढीला छोड़ दे, तो समझिए कि वह तृप्त हो चुकी है। इसके अलावा तृप्त स्त्री के स्तनों के चूचुक खड़े और कड़े होना, पेट, वक्ष और चेहरे पर हलकी-सी लाली छाना, निश्चेष्ट होना, पुरुष की पीठ, कंधों और बांहों पर हाथ फेरना जैसे लक्षणों का मिलना दर्शाता है कि संभोग से वह तृप्त हो चुकी है।

प्रश्न 36 : पति-पत्नी का वस्त्रहीन होकर सोना कहां तक उचित है?

उत्तर : हमारे देश में वस्त्रहीन होकर नग्न निद्रा का आनंद लेना शालीनता के विरुद्ध माना जाता है। परंतु बहुत से ऐसे लोग भी हैं, जो निर्वस्त्र सोते हैं।

अब प्रश्न यह है कि क्या नग्न होकर सोना अश्लीलता है? अनेक डॉक्टरों का मत यह है कि नग्न होकर सोना शरीर के लिए सुखकारी ही नहीं बल्कि गुणकारी भी है। इससे शरीर खुला रहता है और उसे अधिक विश्राम मिलता है। इतना ही नहीं, नग्न होने पर जिस्म में अधिक गर्मी पैदा होती है।

पति-पत्नी दोनों ही यदि वस्त्रहीन होकर संभोग करने के लिए तैयार हों, तो इससे शारीरिक संपर्क बढ़ने से आनंद में वृद्धि होती है। एक-दूसरे को आलिंगन होने में विशेष सुख का आभास मिलता है। वस्त्रहीन होकर संभोग करने की लालसा बढ़ने का कारण एक-दूसरे के पूर्ण शारीरिक गठन और सौंदर्य के दर्शन करना भी होता है और ये सब एक-दूसरे की रुचियों पर निर्भर करता है।

जहां सहशयन से चरम सुख प्राप्त होता है, वहीं लगातार सहशयन करते रहने से स्त्री-पुरुष को पूर्व की तरह स्पर्श सुख नहीं मिलता और धीरे-धीरे यह समाप्त-सा हो जाता है। इसके अलावा यौनाकर्षण में भी कमी आती है। उनका प्रेम घटने लगता है। यहां तक कि यौनेच्छा कमजोर पड़ जाती है, क्योंकि सहशयन में संभोग की अधिकता बढ़ जाती है। अनेक पति-पत्नी को एक ही बेड पर पास-पास सोने से शारीरिक तौर पर भी असुविधा होती है। स्वास्थ्य की दृष्टि से पति-पत्नी का लगातार सहशयन नुकसानदेह है। अतः पति व पत्नी दोनों को सहशयन में अंतराल रखना चाहिए।

प्रश्न 37 : संभोग में स्त्री-पुरुष का परस्पर सहयोग क्यों जरूरी होता है?

उत्तर : रतिक्रिया को पूर्णरूप से सफल बनाने और अधिक-से-अधिक सेक्स सुख की अनुभूति प्राप्त करने के लिए पति-पत्नी को परस्पर सहयोग करना जरूरी होता है। रतिक्रिया में जब तक एकतरफा कोशिश की जाएगी, तब तक पूर्णता की आशा करना व्यर्थ होगा। दोनों का प्रेम प्रदर्शन और संभोग तक की सारी क्रिया विधि में परस्पर सहयोग, सहभागिता, सुख की चाहत एक समान होने पर ही परम सुख की अनुभूति होती है।

रतिक्रिया में कई बार ऐसी स्थितियां बन जाती हैं, जब स्त्री के सहयोग का महत्त्व बहुत अधिक बढ़ जाता है। मसलन सुहागरात के समय पुरुष का शीघ्रपतन होना स्वाभाविक प्रक्रिया है। ऐसे में वह निराश होकर आत्मग्लानि महसूस करता है। इस अवसर पर स्त्री का प्रेमपूर्वक किया गया व्यवहार और प्रोत्साहन देना, पुरुष को निराश और आत्मग्लानि के भंवर से बाहर निकाल देता है।

प्रश्न 38 : वैवाहिक सेक्स जीवन की खुशहाली का आधार क्या है?

उत्तर : विवाह स्त्री व पुरुष को सदैव के लिए एक-दूसरे का जीवन साथी बना देने वाला एक सामाजिक बंधन है। इसका अर्थ है, स्वस्थ तन-मन से एक-दूसरे के साथ मिलकर जीवन पथ पर चलना। समाज द्वारा बनाया गया यह बंधन प्रकृति द्वारा प्रदत्त यौन सुख पाने का सर्वोत्तम साधन है, जिसमें उन्हें प्रेम, शांति, सुरक्षा, सहानुभूति, सहयोग सभी कुछ प्राप्त होता है।

वैवाहिक जीवन में पति को अपनी पत्नी से जो सुख और संतोष मिलता है, वह उसे किसी दूसरी जगह नहीं मिल सकता। पत्नी पति को अपना सर्वस्व निछावर कर शारीरिक और मानसिक, दोनों प्रकार से सुख पहुंचाने का पूरा प्रयत्न करती है, जबकि प्रेमिका, गर्लफ्रेंड या किसी अन्य से केवल शारीरिक सुख ही मिलता है। इसके अलावा वैवाहिक रतिक्रिया का आनंद लेने वाले पति और पत्नी अनेक बीमारियों व विकृतियों जैसे सिफलिस, गनोरिया, एड्स,

अनिद्रा, हिस्टीरिया, सिर दर्द, मिरगी आदि से बच जाते हैं। इसके अलावा कठिनाइयों के समय में, दुःख में पत्नी का साथी मनोबल बढ़ा देता है। पत्नी का एक मधुर वाक्य, एक कटाक्ष जादुई असर करता है। विवाहित स्त्री-पुरुष के विचारों और व्यवहारों में पूर्ण परिपक्वता आ जाती है।

प्रश्न 39 : अविवाहित रहने से कौन-कौन सी शारीरिक और मानसिक हानियां होती हैं?

उत्तर : वैज्ञानिकों द्वारा किए गए अध्ययनों से यह स्पष्ट हो गया है कि अविवाहितों की अपेक्षा विवाहित दीर्घजीवी, अधिक स्वस्थ और अपेक्षाकृत अधिक धीर, गंभीर होते हैं। यहां तक कि विवाहित स्त्री भी अविवाहित स्त्री से अधिक सुंदर लगती है।

विवाहित स्त्रियों का स्नायुमंडल अधिक जागृत और मजबूत होता है, उनकी उम्र कुमारियों से ज्यादा होती है। और हिस्टीरिया आदि बीमारियों से मुक्त होती हैं। बीमा कंपनी के आंकड़ों से यह बात प्रकाश में आई है कि विवाहित स्त्रियां अविवाहित स्त्रियों की अपेक्षा अधिक जीवित रहती हैं।

अविवाहित व्यक्ति को अपना पूरा दुःख-दर्द स्वयं ही सहना पड़ता है, जिससे उसका मानसिक तनाव विवाहित की अपेक्षा ज्यादा रहता है। पति-पत्नी एक-दूसरे की आवश्यकताओं और स्वास्थ्य का भी ध्यान रखते हैं, जबकि अविवाहित की देखभाल करने वाला कोई नहीं होता। नींद न आने की बीमारी अधिकांशतया अविवाहितों को अधिक होती है, जबकि पति-पत्नी रतिक्रिया के बाद गहरी नींद सोते हैं।

प्रश्न 40 : निकट संबंधियों में विवाह करना क्यों वर्जित है?

उत्तर : आनुवंशिक विज्ञान (जेनेटिक्स) में हुए अनुसंधानों से यह तथ्य सामने आया है कि निकट के रिश्तेदारों के बीच हुए विवाह से उत्पन्न संतान जुड़वा या मानसिक अथवा शारीरिक विकलांगता लिए हो सकती हैं। इसीलिए धार्मिक मान्यताएं बनाकर उसे रोकने की कोशिश की गई होगी।

विश्व के सभी देशों में किए गए अध्ययनों से एक बात निश्चित तय के रूप में सामने आई है कि सगोत्री, यानी निकट संबंधियों के बीच विवाहों की संतानों में आनुवंशिक दोष सबसे अधिक होते हैं। ऐसे दंपतियों में प्राथमिक बंध्यता और संतानों में जन्मजात विकलांगता और मानसिक जड़ता जैसे दोषों की दर बहुत अधिक है। साथ ही मृत शिशुओं के जन्म, गर्भपात एवं गर्भकाल में तथा जन्म के बाद शिशुओं की मृत्यु जैसे मामले भी अधिक देखने में आए हैं। इसके अलावा पाई जाने वाली बीमारियों में माइक्रोसिफेली, हर्लर सिंड्रोम, लारेंस मून बीडिल सिंड्रोम, एल्बिनिज्म और विल्सन जैसी बीमारियां प्रमुख हैं। इसके अतिरिक्त रक्त संबंधियों में विवाह पर रोक लगाकर जन्मजात हृदय विकारों में कमी लाई जा सकती है। अध्ययनों से पता चला है कि एक हजार नवजात शिशुओं में से 8 से 10 शिशुओं के मासूम हृदय किसी-न-किसी पैदाइशी विकार से ग्रस्त होते हैं। भारत के देहाती क्षेत्रों में 1000 प्रसव के पीछे 18 जुड़वा बच्चे पैदा होते हैं, जबकि शहरी क्षेत्रों में यह अनुपात 11 का है।

प्रजनन के लिए जब शरीर में कोशिकाएं निर्मित होती हैं, तब प्रत्येक गुणसूत्र दो भागों में विभक्त हो, निषेचन के समय भ्रूण निर्माण करने के लिए 23 जीन माता से और 23 जीन पिता से ग्रहण करता है। इस प्रकार पूर्ण गुणसूत्र 46 जीन का बनकर विकास प्रारंभ कर देता है। अप्रभावी जीन स्थानांतरित तो होते हैं, परंतु उनके लक्षण प्रकट नहीं होते, परंतु अप्रभावी जीनों के लक्षण उस समय प्रकट होने की पूर्ण संभावना रहती है, जब माता-पिता से प्राप्त जीन उसी प्रकार के हों। यह रक्त संबंधियों के बीच हुए विवाह से संभव होता है। इस प्रकार सगोत्री विवाह संबंध से उत्पन्न संतान में विकलांग या मानसिक रूप से जड़ शिशु के जन्म की संभावना काफी बढ़ जाती है।

प्रश्न 41 : सेक्स में वस्त्र, आभूषण एवं सुगंधित पदार्थों का क्या महत्त्व है?

उत्तर : सेक्स संबंध बनाते समय यदि स्त्री-पुरुष के शरीर पर मैले-कुचैले वस्त्र होंगे, तो कामेच्छा मंद और निस्तेज हो जाएगी। यहां तक कि मन में

घृणा का भाव उत्पन्न होकर मानसिक विकारों को भी जन्म दे सकता है। अतः कामशास्त्रों में रतिक्रिया करने के पूर्व मन में कामेच्छा बढ़ाने के लिए शृंगारिक वस्त्र, आभूषण धारण करने के निर्देश दिए हैं। वस्त्र जितने स्वच्छ, सुगंधित पदार्थों से युक्त होंगे, काम-वासना के भाव भी उतनी तीव्र भावना के उठेंगे।

रतिक्रिया को आनंदमय बनाने के लिए यह जरूरी है कि इस दौरान शरीर पर कम-से-कम वस्त्र धारण किए जाएं। कसे हुए वस्त्र को न पहनकर एकदम ढीले-ढीले पहनें, ताकि रतिक्रिया में किसी प्रकार की असुविधा न हो।

चूंकि रतिक्रिया में स्त्री-पुरुष का संबंध पूरे शरीर, अंग-अंग और रोम-रोम का मिलाप होता है, अतः वस्त्रहीन होकर किया गया संभोग अधिक आकर्षक और संतोषप्रद होता है। पति चाहे तो प्राक्क्रीड़ा करते हुए धीरे-धीरे स्त्री के वस्त्र दूर कर सकता है, जिससे उसमें कामेच्छा बढ़कर विशेष सुख की अनुभूति होने लगेगी।

जहां तक आभूषण धारण करने की बात है, का उद्देश्य स्त्री के सौंदर्य में वृद्धि करने का ही होता है। यदि इन्हें धारण न किए जाएं, तो तरुणी या महिला का सौंदर्य फीका-फीका लगता है, जो स्त्री-पुरुष के आकर्षण को कम कर देता है। अतः संभोग क्रिया के पूर्व भारी, वजनी, नुकीले तन पर चुभने योग्य आभूषणों को उतार कर हलके, आकर्षक आभूषण धारण करें। इससे स्त्री का आकर्षण पति की नजरों में बना रहेगा।

सुगंधित पदार्थों का सेक्स ऊर्जा बढ़ाने में महत्त्वपूर्ण होता है, जबकि दुर्गंधित, बदबूदार माहौल कामेच्छा को घटा देता है। अतः सेक्स संबंध जोड़ने से पूर्व वातावरण में सुगंध फैलाने के लिए अगरबत्ती, स्प्रे का सहारा अवश्य लें, क्योंकि सुगंध आनंददायक और कामोत्तेजक प्रभाव पैदा करती है।

प्रश्न 42 : संभोग के लिए तैयार स्त्री के क्या-क्या लक्षण होते हैं?

उत्तर : स्त्री शरीर में कामोत्तेजना की स्थिति उसके मासिक धर्म के चक्रानुसार घटती-बढ़ती रहती है। जब मासिक धर्म आने वाला होता है, तो उसके 2-3

दिन पूर्व अथवा मासिक स्राव के बंद होने के 3-4 दिनों बाद तक स्त्री अधिक कामेच्छा महसूस करती है। अतः इन दिनों में पुरुष द्वारा की गई कामुक छेड़छाड़ करने पर वह रतिक्रिया के लिए आसानी से तैयार हो जाती है। ऐसे समय में जब स्त्री शारीरिक समर्पण के लिए तैयार हो, तो उसे तृप्त करके आप अपने पौरुष का सिक्का जमा सकते हैं।

मासिक धर्म-चक्र

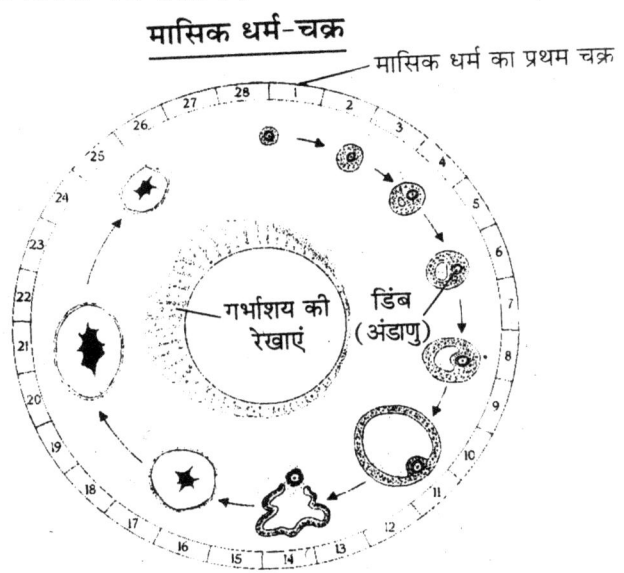

यों तो स्त्री स्वयं अपनी कामेच्छा पुरुष के सामने व्यक्त नहीं करती है, लेकिन अनुभवी पति उसके चेहरे के हाव-भाव, व्यवहार, नयनों को चलाने की चेष्टाएं, मंद-मंद बिना किसी ठोस कारण के बार-बार मुस्कराना, पति को बार-बार कनखियों से देखना, बात-बात पर ताने मारना जैसे लक्षणों को देखकर जान लेते हैं। इस तरह सेक्स की अपील स्त्री के अंग-प्रत्यंग से प्रकट होती है, भले ही वह मुंह से कुछ न बोले। बहुत-सी स्त्रियां उत्तेजना बढ़ने पर मानो पति के शरीर में समा ही जाना चाहती हैं। उनके योनि द्वार से लसदार, तरल और चिकने पदार्थ रिसने लगते हैं। ऐसी स्थिति यह दर्शाती है कि स्त्री सहवास के लिए पूरी तरह तैयार है।

प्रश्न 43 : स्त्री के स्तन का सेक्स में इतना अधिक आकर्षण और महत्त्व क्यों है?

उत्तर : पुरुषों को अपनी ओर आकर्षित करने में स्त्रियों के स्तनों का काफी महत्त्व होता है, जिनके दर्शन मात्र से उनमें सेक्स भावना जगृत हो जाए। विवाहित स्त्रियां भी कुमारियों के मुकाबले अपने स्तन के उभारों को प्रदर्शित करने में पीछे नहीं रहती हैं। चेहरे के बाद स्त्री के प्रति आकर्षण उत्पन्न होने में स्तनों का ही नंबर आता है। वैसे मादकता की दृष्टि से तो स्तनों की गणना पहले नंबर पर ही की जाती है। स्त्री की छाती के उभार पुरुष के मन पर गहरा असर पैदा करते हैं, जिसके फलस्वरूप उनके मन में काम वासना भड़क उठती है।

स्तनों की उत्तमता को आयुर्वेद ने स्तनसम्पत् कहा है—

''नात्यूर्ध्वैनितिलम्बावनति कृशावनतिपीनौ।
युक्तपिप्पलकौ सुखप्रपानौ चेति स्तनसम्पत्।।''

अर्थात् स्तन अधिक ऊंचे न हों, अधिक लंबे न हों, अधिक कृश (मांस रहित) न हों, अधिक मोटे न हों, स्तनों के चूचुक (निपल) उचित रूप से ऊंचे उठे हुए हों, ताकि बालक मुंह में लेकर सुखपूर्वक दूध पी सके। ऐसे स्तन उत्तम माने गए हैं।

प्रत्येक स्त्री यौवन में पदार्पण के साथ ही अपने स्तनों के प्रति जागरूक होने लगती है। वह अपने स्तनों को जितना संभव हो सके, युवा रूप में ही रखना चाहती है। हमारे प्राचीन शिल्पों और पुस्तकों में भी स्तनों के सौंदर्य को काफी उभारा गया है। स्तनों का महत्त्व सुखी दांपत्य जीवन की नींव है।

जिस प्रकार पुरुषों में कामक्रीड़ा के दृश्य के बारे में सोचने या इससे संबंधित बातें सुनने अथवा देखने मात्र से ही कामोत्तेजना उत्पन्न हो जाती है, उसी प्रकार स्त्रियों के स्तनों को दबाने, उनके (चूचुकों) को चूसने, मसलने से वे संभोग के लिए बेचैन हो जाती हैं और उनकी काम-वासना चरम सीमा पर पहुंच जाती है। स्त्री को अपने स्तन दबवाने, चुसवाने और मसलवाने में बहुत आनंद और उत्तेजना की अनुभूति होती है। याद रखें कि स्त्री के स्तनों को सहलाने, मसलने और चुंबन लेने से उसके भग में आनंददायक थिरकन का अनुभव होता है,

जिसकी वजह से ही वह अपनी असह्य रूप से बढ़ी काम-वासना को शांत करने के लिए संभोग क्रिया करने पर उतारू हो जाती है और इस आनंद को पाने के लिए वह अपना सबकुछ अर्पण करने को तैयार हो जाती है।

प्रश्न 44 : स्तनों का आकार विभिन्नता लिए हुए क्यों होते हैं?

उत्तर : यदि किसी स्त्री के यौवनावस्था आने के बाद भी स्तनों का आकार नहीं बढ़ता और वे छोटे ही रह जाते हैं, तो एक विकृति मानी जाती है। इसे चिकित्सा की भाषा में 'एट्राफी ऑफ दि मैमरी ग्लैंड्स' कहते हैं। यह विकृति बिरली ही देखने में आती है। इसके अनेक कारण होते हैं, मसलन मासिक धर्म की अनियमितता, शरीर का दुबलापन, पौष्टिक भोजन का अभाव, कसरत या शारीरिक श्रम न करना, थायराइड, पैराथायराइड तथा पिट्यूटरी ग्लैण्ड्स के स्रावों में कमीं, हार्मोन्स का असंतुलन, स्तनों को पोषण हेतु पर्याप्त रक्त न मिलना, गर्भाशय का दोष, कम आयु में संभोग करना, अधिक रोक-टोक वाले वातावरण में रहना, अधिक चिंतित रहना आदि प्रमुख हैं।

पौष्टिक भोजन करने से शरीर और स्तनों के विकास में सहायता मिलती है। सरसों, जैतून या तिल्ली के तेल की स्तनों पर नियमित मालिश करनी चाहिए। तैरने, रस्सी कूदने से स्तनों का अच्छा विकास होता है। इसे अपनी दिनचर्या में अपनाएं। स्तनों में रक्त संचार बढ़ाने के लिए गर्म और ठंडे पानी की पट्टी अदल-बदलकर लगानी चाहिए। बादाम का रोगन या माजूफल शहद में मिलाकर स्तनों पर सोने से पहले मलना भी लाभदायक होता है। चिंता छोड़कर हमेशा प्रसन्न रहने का प्रयत्न करना चाहिए। अश्वगंधा तथा शतावरी का चूर्ण बराबर की मात्रा में मिलाकर एक-एक चम्मच की मात्रा में दिन में दो बार दूध के साथ लेना चाहिए। होम्योपैथिक दवा सैबाल सेरूलेटा की 10 बूंद की मात्रा आधा कप पानी में दिन में 3 बार सेवन करने से स्तनों का विकास शीघ्र हो जाता है।

स्तनों का बहुत बड़े हो जाना सीने पर अनुचित बोझ एवं कुरूपता प्रदान कर सुंदरता में व्यवधान पैदा करता है। जिससे स्त्री चिंतित हो जाती है। इसके कारणों में सार्वदैहिक स्थूलता, वसायुक्त अधिक भोजन का सेवन, परिश्रम और

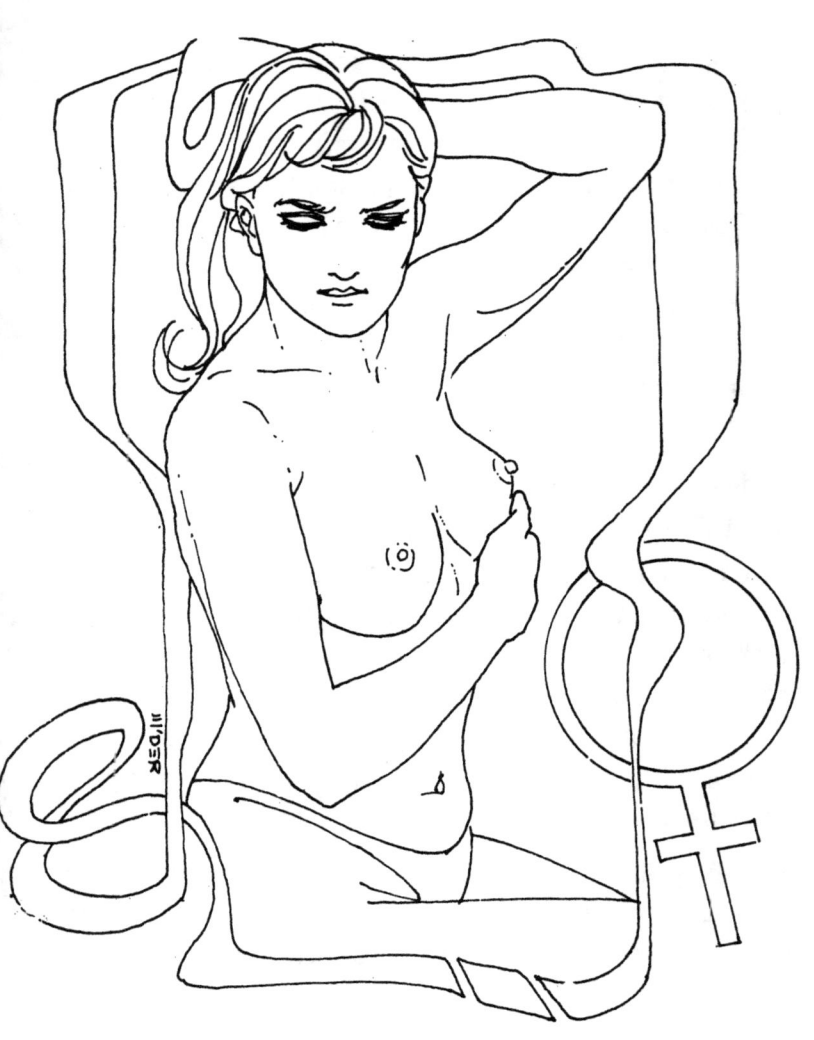

कसरत का अभाव, वंशानुगत कारण, अधिक कामुक वातावरण में रहना, स्तनों का अधिक मर्दन, ब्रा न पहनना, हार्मोन्स का अधिक स्राव प्रमुख होते हैं। ऐसी स्त्री को चुस्त ब्रा पहननी चाहिए। चर्बी वाले भोजन त्याग कर डायटिंग करना चाहिए। अधिक परिश्रम और व्यायाम करना चाहिए। सुबह खाली पेट एक गिलास पानी में एक-एक चम्मच शहद और नीबू का रस मिलाकर नियमित रूप से पीने से स्तन की चर्बी कम होती है। विषगर्भ तेल स्तनों पर नीचे की ओर से ऊपर ले जाते हुए लगाएं, फिर गर्म पानी से धोएं। स्तनों पर भाप से सिकाई करें। उपरोक्त उपायों से अति स्थूल स्तनों का आकार कम करने में सहायता मिलेगी।

प्रश्न 45 : स्तन शिथिल होकर लटकने के क्या कारण होते हैं? क्या इन्हें पुनः कठोर बनाया जा सकता है?

उत्तर : स्तनों के लटक जाने से उनका सौंदर्य नष्ट हो जाता है, यह निर्विवाद रूप से सत्य है। कई स्त्रियां अपने शिशुओं को अधिक समय तक स्तनपान कराती रहती हैं, उसके कारण भी स्तन लटक जाते हैं। इसके अलावा शारीरिक दुर्बलता, अधिक चिंता, अधिक गर्म पानी से हमेशा स्नान करना, ब्रा न पहनना, अधिक संतानों की उत्पत्ति, स्तनों से अधिक छेड़छाड़ करना, अधिक व्यायाम करना, लेटकर बच्चों को दूध पिलाने की आदत, लंबे समय तक बीमार बने रहना, शरीर में रक्त की कमी जैसे कारणों से भी यह विकृति पैदा होती है।

ऐसी स्त्री को तंग ब्रा पहननी चाहिए। बच्चों को दोनों स्तनों से बारी-बारी करके दूध पिलाएं। ज्यादा गर्म पानी के स्नान से बचें। पौष्टिक भोजन का सेवन करें। इसके अलावा निम्न उपायों को अपनाकर शिथिल व लटके हुए स्तनों को पुनः कठोर बनाया जा सकता है–

- सरसों के तेल में अनार की लुगदी अच्छी तरह मिलाकर स्तनों पर मालिश करने से स्तन सुंदर, मोहक और कठोर हो जाते हैं।
- कनेर, पीपर, असगंध, बच का चूर्ण बराबर की मात्रा में मिलाकर स्तनों पर रात को रोजाना लेप करते रहने से स्तन कठोर हो जाते हैं।

- गाय का घी, तिल का तेल, मदार का दूध और नीम की निंबोली का गूदा समान मात्रा में मिलाकर स्तनों पर दिन में दो बार नहाने के बाद और सोने से पहले नियमित मालिश कर लगाने से स्तन कठोर और पुष्ट हो जाएंगे।

स्त्री के दूध में या गाय के दूध में अश्वगंधा तथा सफेद मोथा को अच्छी तरह पीस कर लेप बनाएं। इस लेप को स्तनों पर सोते समय नियमित लगाने से स्तन कठोर होकर ऊपर उठ जाते हैं।

प्रश्न 46 : स्तनों में दूध का अभाव क्यों होता है? इसका निवारण कैसे करें?

उत्तर : स्त्री के स्तनों में दूध प्रसव के बाद दूसरे दिन से लेकर चौथे दिन के अंदर ही आ जाता है, लेकिन इस समय के बीच स्तनों में दूध न उतरे या फिर एक बार दूध आकर बाद में आना बंद हो जाना विकृति का परिचायक होता है। स्तनों में दूध का अभाव अनेक कारणों से हो सकता है। प्रमुख कारणों में प्रसूता को ज्वर आना, रक्त की कमी, नियमित रूप से स्तनपान न कराना, प्रसूता का कम उम्र या अधिक उम्र का होना, स्तनों की ग्रंथियों का आक्रांत होना, प्रसूता को कब्ज की तकलीफ रहना, शारीरिक कमजोरी आदि होते हैं।

यदि प्रसव के 3-4 दिनों बाद तक स्तनों में दूध न आए तो शिशु के मुंह में स्तन देते रहना चाहिए, ताकि स्तन की ग्रंथियों को दूध उत्पन्न करने की उत्तेजना मिलती रहे। इस प्रयास से भी अक्सर दूध उतरने लगता है। स्तनपान निश्चित समय पर कराते रहने से दूध बनने की प्रक्रिया सतत चलती रहती है। दूध शिशु को पिलाने के एक घंटा पूर्व एक गिलास पानी पीने से इसकी वृद्धि होती है और दूध परिणाम में ज्यादा मात्रा में निकलता है।

स्तनों पर ठंडी और गर्म पट्टियां प्रयोग करते रहने से प्राकृतिक रूप से स्तनों में दूध पैदा होता है। मानसिक तनाव, बुरे विचारों को त्याग देना चाहिए। हमेशा प्रसन्नचित रहने का प्रयास करना चाहिए। अकसर भय, चिंता, बुरे विचारों और मानसिक तनाव की स्थिति में रहने से दूध सूख जाता है। कम-से-कम

दो माह तक प्रसूता को घर का पूरा काम नहीं करना चाहिए। दूध बढ़ाने के लिए माता को गाय का दूध दोनों समय सेवन करना चाहिए।

इसके अलावा निम्न नुसखे आजमाने से स्तनों में दूध की मात्रा बढ़ जाती है—

- चीनी में बराबर की मात्रा में विदारीकंद का चूर्ण मिलाकर दिन में दो बार दूध के साथ सेवन करने से दूध की वृद्धि होती है।
- पिप्पली का चूर्ण कुनकुने दूध के साथ दिन में दो-तीन बार सेवन करने से मां का दूध बढ़ता है।
- अंगूर, पपीता, गाजर का अधिक सेवन करने से स्तनों में दूध की मात्रा बढ़ जाती है।
- स्तनों पर सुबह-शाम एरण्ड का तेल मलते रहने से दूध अधिक मात्रा में बनता है।

मुलेठी का चूर्ण, शतावरी और विदारीकंद का चूर्ण तीनों बराबर मात्रा में मिलाकर रख लें। इसकी एक चम्मच की मात्रा दिन में 3 बार एक कप दूध के साथ नियमित सेवन से भी दूध अधिक आता है।

प्रश्न 47 : प्रथम संभोग यानी सुहागरात में रक्तस्राव होना ही चाहिए, ऐसी मान्यता क्यों है?

उत्तर : वैवाहिक जीवन में प्रवेश करने वाले युवक-युवती जब पहली बार सेक्स शुरू करते हैं, उसे सुहागरात कहा जाता है। यह एक विचित्र बात है कि हर पुरुष विवाह के लिए कुंवारी कन्या ही चाहता है।

कुमारित्व की कसौटी स्त्री की योनि में सतीच्छद (Hymen) की मौजूदगी को माना जाता है। सुहागरात में पति यह आशा करता है कि उसकी नवविवाहित पत्नी का सतीच्छद मौजूद होगा, जो संभोग के दौरान उसके शिश्न के दबाव से फटेगा, जिससे रक्त स्राव होगा और पत्नी को इससे दर्द की पीड़ा अनुभव होगी। यदि ऐसा नहीं होता है, तो पति यह मान लेता है कि उसे कुंवारी पत्नी नहीं मिली।

प्रथम संभोग में यह जरूरी नहीं है कि प्रत्येक स्त्री को रक्तस्राव हो ही, क्योंकि

यह तभी संभव होता है, जब योनि पर स्थित सतीच्छद (परदा) मौजूद हो। आजकल विवाह से पहले भी बिना किसी पुरुष के साथ सेक्स संबंध जोड़े अपने आप अनेक कारणों से सतीच्छद फट जाना आम बात होती है। अतः ऐसी स्त्री को संभोग में रक्तस्राव नहीं होता।

अब यह सवाल उठना स्वाभाविक है कि बिना संभोग के सतीच्छद क्यों फट जाता है? सतीच्छद एक समान त्वचा से निर्मित नहीं होती। कोई सतीच्छद नरम, नाजुक-सी, पतली झिल्ली की बनी होती है, तो कोई मोटी चमड़ी की बनी होती है। किसी में प्रसरणशीलता का गुण अधिक होता है, तो किसी में कम। इस कारण कई बार संभोग के बाद भी यह फटती नहीं है। सतीच्छद के पर्दे में एक या अधिक छिद्र हो सकते हैं। किसी-किसी में इतना बड़ा छिद्र भी होता है कि संभोग क्रिया में कोई असुविधा का अहसास नहीं होता। अकसर साइकिल चलाने, खेलने-कूदने, दौड़ने, घुड़सवारी करने आदि कारणों से सतीच्छद की झिल्ली कब फट जाती है, इसका आभास नहीं होता। अतः कुमारित्व का प्रतीक सतीच्छद की मौजूदगी को मानना कतई उचित नहीं कहा जा सकता।

प्रश्न 48 : संभोग की सफलता में शिश्न का कितना महत्त्व है?

उत्तर : इसमें कोई संदेह नहीं कि शिश्न पुरुष के शरीर का एक अत्यंत नाजुक व महत्त्वपूर्ण अंग है। यह पुरुष के पौरुष का प्रतीक है, जो मूत्र विसर्जन और संभोग क्रिया दोनों में ही काम आता है। यूं देखा जाए तो पुरुष केवल शिश्न द्वारा संभोग करता है, जबकि स्त्री अपने लगभग पूरे शरीर द्वारा ही इसमें भाग लेती है।

शिश्न का महत्त्वपूर्ण कार्य योनि में गहराई तक जाकर वीर्य छोड़ना है और दूसरा योनि में घर्षण कर स्त्री को संतोष प्रदान करने का प्रयास करते हुए स्वयं भी आनंद की अनुभूति प्राप्त करता है। सफल संभोग के लिए यह जरूरी है कि शिश्न सही समय पर दृढ़ता और कठोरता से उत्थित हो। शिश्न में सिर्फ मांसपेशियां और रक्त नलिकाएं होती हैं। जब मन में संभोग की इच्छा जागृत होती है, तो पुरुष का शिश्न खड़ा होकर कठोर होने लगता है। शिश्न की कठोरता रक्त नलिकाओं में रक्त प्रवाह बढ़ने के कारण होता है। रक्त

प्रवाह ज्ञान तंतुओं में केंद्रित होता है। कामेच्छा बढ़ने के साथ-साथ प्रवाह बढ़ता जाता है। शराब, सिगरेट के सेवन, डायबिटीज और खून की चर्बी के कारण खून में गाढ़ापन और नली का सकरापन आ जाने के कारण प्रवाह में कमी आने लगती है, जिससे शिश्न में पूरा तनाव व कठोरता नहीं आ पाती।

किसी भी आकार के शिश्न से स्त्री को चरम तृप्ति की सीमा का अहसास कराया जा सकता है। यदि पुरुष संभोग की तकनीकों को भली प्रकार से जानता हो। तो छोटा शिश्न रहते हुए भी सफल यौन संबंध स्थापित कर सकता है।

प्रश्न 49 : शिश्न के आकार-प्रकार को लेकर आम लोगों में अनेक भ्रांत धारणाएं क्यों फैली हुई हैं?

उत्तर : हर युवक बस यही सोचता है कि उसका शिश्न छोटा है, जबकि दूसरों का शिश्न यूं ही सामने से देखने पर हमेशा अपने शिश्न से बड़ा मालूम पड़ता है। इसका कारण यह है कि वह अपना शिश्न ऊपर से नीचे की ओर देखता है और दूसरों का सामने से। अतः अपने शिश्न की लंबाई नीचे लटके होने की वजह से ऊपर से कम दिखाई पड़ती है, जबकि दर्पण के सामने खड़े होकर शिश्न देखने पर वह बड़ा दिखाई देता है। वैसे हर व्यक्ति के शिश्न की लंबाई, मोटाई और सीधी खड़ी अवस्था में भी अंतर होता है, लेकिन शिश्न के आकार-प्रकार का वैवाहिक जीवन पर कोई असर नहीं होता। शिश्न का एकमात्र कार्य योनि में शुक्राणुओं को पहुंचाकर मातृत्व प्रदान करना होता है।

कुछ लोगों का यह मानना है कि जिस पुरुष के शिश्न का आकार-प्रकार जितना अधिक बड़ा होगा, वह अपनी पत्नी को उतना ही अधिक संतुष्ट कर पाएगा। जबकि वास्तविकता यह है कि पुरुष की जल्दबाजी से ऐसे मोटे, बड़े आकार के शिश्न योनि में बिना चिकने द्रव छूटे किया गया प्रवेश, स्त्री को बहुत कष्ट पहुंचाता है। सूखी योनि वाली स्त्री ऐसे शिश्न को पाकर अकसर दर्द के मारे संभोग करने में डरती है और इससे बचना ही अधिक पसंद करती है।

यदि आपके शिश्न की लंबाई 4 इंच से भी कम है, तो भी चिंता न करें, क्योंकि स्त्री की उत्तेजना का प्रमुख केंद्र योनि न होकर भगांकुर होता है। जिनका

शिश्न छोटा हो, वे स्त्री के इस अंग को उंगली से रगड़-रगड़कर सहलाएं, तो उसे विशेष आनंद की अनुभूति होगी। फिर अपना छोटा व कठोर शिश्न योनि में प्रवेश कर मंथन करें। साथ ही होठों का चुंबन और हाथों से स्तनों का मर्दन जारी रखें। कोई भी स्त्री उपरोक्त विधि के आगे छोटे शिश्न से ही पूरी तरह संतुष्ट हो जाएगी।

शिश्न में हलका-सा टेढ़ापन एक आम बात है। यह कोई विकृति नहीं है। थोड़े दाईं या बाईं ओर झुकने वाले शिश्न को योनि में प्रवेश करने में कोई बाधा उत्पन्न नहीं होती।

प्रश्न 50 : पुरुष के शिश्न को खतना करने में क्या-क्या लाभ है?

उत्तर : शिश्नमुंड को ढकने वाली त्वचा की परत को काटकर अलग करने की क्रिया को खतना कहा जाता है। मुस्लिम समुदाय में यह प्रथा आम है। यों तो खतना न कराने से सेक्स क्रिया पर कोई असर नहीं पड़ता, लेकिन जो लोग खतना कराते हैं, शारीरिक सफाई के दृष्टिकोण से यह एक उत्तम प्रक्रिया है, क्योंकि शिश्नमुंड की त्वचा के अंदर सफेद-सा बदबूदार मैल जमा रहता है, उससे छुटकारा मिल जाता है। किसी-किसी को इस मैल में संक्रमण होने से खुजली की शिकायत भी हो जाती है। कभी-कभी शिश्नमुंड सूजकर लाल भी हो जाता है।

खतना छोटी उम्र में कराया जाए या बड़ी उम्र में, इसका सेक्स की क्षमता पर कोई असर नहीं पड़ता, लेकिन संभोग की कुशलता पर फर्क अवश्य ही मालूम पड़ता है। खतना का सबसे बड़ा लाभ यह होता है कि इससे स्तंभन शक्ति में काफी वृद्धि हो जाती है। चूंकि शिश्नमुंड की ऊपरी त्वचा हट जाने के बाद यह अंडरवियर की रगड़ खाते-खाते अपनी अतिसंवेदनशीलता खोकर बहुत कम संवेदनशील रह जाता है, जिससे काम शक्ति बढ़ जाती है। संभोग की क्षमता बढ़ने का कारण शिश्न का योनि के अंदर पहुंचने और घर्षण के बाद भी उसका तनाव शीघ्र ही अपनी चरम सीमा तक नहीं पहुंचता, फलस्वरूप वीर्यपात काफी देर से होता है। इस कारण स्त्री और पुरुष, दोनों को संभोग सुख में पूर्ण आनंद और तृप्ति का अनुभव होता है।

प्रश्न 51 : संभोग करने से पूर्व शिश्न में चिकना स्राव क्यों निकलता है?

उत्तर : युवावस्था में उत्तेजक दृश्य देखकर, उत्तेजक पुस्तकें पढ़कर, लड़की से बातचीत करने और उसके स्पर्श का सुख प्राप्त करते समय और संभोग क्रिया प्रारंभ करने के पूर्व पुरुष के शिश्न में उत्थान होकर एक लेसदार पतली-सी गाढ़ी बूंदें टपकने लगती हैं। अनेक लोग इसे ही वीर्य समझकर डरने लगते हैं। जबकि यह वीर्य न होकर प्रोस्टेट और शिश्नमूल ग्रंथियों का स्राव होता है। इसमें वीर्य के समान शुक्राणु नहीं होते। स्वादिष्ट, मनपसंद और खुशबूदार आहार को पाकर जिस प्रकार हमारे मुंह में पानी आ जाता है, लार टपकने लगती है, ठीक उसी प्रकार मानसिक रूप से कामेच्छा जागने, इसका मन में विचार आने मात्र से शिश्न में उत्थान आना और चिकने व पतले स्राव का जारी होना एक स्वाभाविक प्रक्रिया है।

इस स्राव का संभोग के पूर्व निकलना योनि मार्ग को चिकना कर शिश्न के प्रवेश को आसान बनाना होता है, ताकि घर्षण में स्त्री को कष्ट न पहुंचे और भरपूर आनंद का अहसास भी हो सके। यह स्राव वीर्य में स्थित शुक्राणुओं के मार्ग को स्वच्छ, हानिरहित स्निग्ध करने के साथ-साथ मूत्र मार्ग की अम्लता को कम भी करता है, ताकि शुक्राणुओं की रक्षा हो सके और संभोग के दौरान, अंत में बिना किसी बाधा के वीर्य योनि में गहराई तक जा सके।

प्रश्न 52 : किस आयु से और कितने अंतराल से संभोग करना चाहिए?

उत्तर : संभोग की क्रिया किस आयु से और कितने अंतर से की जानी चाहिए, इसके विषय में कोई सर्वमान्य नियम निश्चित करना संभव नहीं है। वीर्य का बनना किशोरावस्था से ही शुरू हो जाता है, लेकिन पूर्ण रूप से परिपक्व होने में समय लगता है। अतः 21 वर्ष तक ब्रह्मचर्य का पालन करने के बाद शादी करके ही संभोग किया जाना उचित होता है, क्योंकि इस उम्र तक वीर्य में संतानोत्पत्ति के पूरे गुण आ जाते हैं।

सुप्रसिद्ध सेक्सोलाजिस्ट डॉ. हैवलॉक एलिस के मतानुसार, संभोग अनियमित रूप से करना चाहिए, अर्थात् कुछ दिनों तक लगातार प्रतिदिन संभोग किया जाए और फिर कुछ दिनों तक इससे दूर रहा जाए। इसका लाभ यह होगा कि लगातार संभोग करते रहने से पति-पत्नी दोनों आवश्यकता से अधिक तृप्त हो जाएंगे और कुछ काल बाद अवकाश देने से पुनः जब संभोग के लिए तैयार होंगे, तो इसकी तीव्र लालसा जागृत होगी, जिसके परिणामस्वरूप यह क्रिया अधिक आनंदप्रद लगेगी।

प्रश्न 53 : संभोग से पूर्व चुंबन करने का क्या महत्त्व है?

उत्तर : स्त्री-पुरुष द्वारा लिया गया चुंबन काम-वासना को बढ़ाने वाला होता है। चुंबन से वे स्पर्शसुख प्राप्त कर उन्मादित और आनंदित होते हैं। संभोग के पूर्व लिया गया चुंबन काफी महत्त्वपूर्ण होता है। आचार्य वात्स्यायन के मतानुसार, चुंबन होंठों के भीतरी हिस्से, स्तनों, गाल, कंठ, कपोल, आंख, छाती, बगल, कटि प्रदेश और नाभि पर मुख्य रूप से लिया जाता है।

चुंबन का आनंद उसकी विविधता पर निर्भर करता है। चुंबन प्रक्रिया में जीभ का भी महत्त्वपूर्ण योगदान होता है। पुरुष होंठों से स्त्री के होंठों का चुंबन इतना प्रभावशाली और आनंदमय होता है कि पूरे शरीर और मन में सेक्स की तरंगें फैल जाती हैं और लगता है कि यह प्रक्रिया लंबे समय तक चलती रहे। चुंबन जितना गहरा और कलात्मक रूप से लिया जाएगा, स्त्री की कामेच्छा उतनी ही जल्द बढ़ जाती है।

होंठों के चुंबन में पुरुष अपनी जीभ की नोक को स्त्री के होंठों के बीच प्रवेश कराकर होंठों को मिलाते हुए धीरे-धीरे चूसने की क्रिया आदान-प्रदान करते हैं। इसी प्रकार भिन्न-भिन्न तरीकों से चुंबन लिया जाता है, जो स्त्री-पुरुष की रुचियों पर निर्भर करता है।

स्त्री के स्तनों के अग्रभाग पर चुंबन करने से कामोत्तेजना जादू की तरह बढ़ जाती है, क्योंकि स्त्री का यह भाग अति संवेदनशील होता है। पुरुष के मुख, होंठों और दांतों के स्पर्श से स्त्री के पूरे शरीर में काफी रोमांच पैदा हो जाता

है। पुरुष को चाहिए कि वह उसके गले के पिछले हिस्से, कान के निचले भाग, गाल, कपोल, नाभि, कमर, जांघ, पीठ, छाती, बगल, स्तन, कंठ पर चुंबन लें। ध्यान रखें कि अंगों के हिसाब से चुंबन हलका, कोमलतापूर्ण या प्रगाढ़ रूप से लेकर ही परस्पर सुख पहुंचाने का प्रयत्न करें।

प्रश्न 54 : क्या चुंबन से हानियां भी हो सकती हैं?

उत्तर : चिकित्सकों के मतानुसार जहां चुंबन लेना स्वास्थ्य की दृष्टि से लाभदायक होता है, वहीं अत्यंत हानिकारक भी हो सकता है। चुंबन के दौरान एक-दूसरे के लार और थूक का आदान-प्रदान होने से और एक से अधिक व्यक्तियों से चुंबन करने के दुष्परिणामस्वरूप डिप्थीरिया, पायरिया, टी. बी., पीलिया जैसी बीमारियां यहां तक की काली खांसी, त्वचारोग भी हो सकते हैं। सिफलिसग्रस्त रोगी के चुंबन से जो रोग फैलता है, उसे 'किसिंग शैंकर' कहते हैं।

प्रश्न 55 : आनंदपूर्ण और सफल संभोग के लिए क्या-क्या गुर अपनाने चाहिए?

उत्तर : संभोग का आनंद केवल पुरुष को ही नहीं, वरन् स्त्री को भी मिलता है। संभोग का भी यही अर्थ है कि स्त्री-पुरुष, दोनों समान रूप से एक-दूसरे का भोग करें। यदि उनमें से कोई एक साथी सही ढंग से इस क्रिया में रुचि लेकर भाग नहीं लेता है, तो उसे सफल संभोग नहीं कहा जा सकता। सफल संभोग आनंदपूर्ण तभी बन सकता है, जब स्त्री-पुरुष पूरे मन से इस क्रिया में सक्रिय योगदान करें।

आनंदपूर्ण और सफल संभोग क्रिया करने के लिए कुछ सूत्र निम्न हैं–

- संभोग करने के पूर्व स्नान करें और स्वच्छ वस्त्र धारण कर सुगंधित द्रव्यों का लेप लगाएं। ऐसे गहने धारण न करें, जो आलिंगन और मिलन में बाधा पैदा करें।
- संभोग का कमरा या स्थान हर प्रकार से शांत और आकर्षक होने के साथ-साथ एकांत हो। स्त्री को संभोग की अपेक्षा प्रेमालाप और प्रेमक्रीड़ा अधिक प्रिय होती है। पुरुष उसे प्यार भरे शब्द कहे, शरीर को सहलाए

और आलिंगनबद्ध होकर चूमे तो वह आनंदविभोर हो जाती है।

- पति-पत्नी के प्रेम का आनंद और जीवन की रंगीनियां संभोग क्रिया पर ही टिकी रह सकती हैं। संभोग के पूर्व दिलो-दिमाग को खुश और तनाव मुक्त रखें, तभी इसका पूरा आनंद लिया जा सकेगा। खुशमिजाजी संभोग की जान है, संजीवनी है।

- पति-पत्नी को संभोग की सारी कलाओं को अवश्य जानना चाहिए। इस कला में पारंगत हुए बिना यौन जीवन में संतोष नहीं आ सकता। संभोग की रीति, कामकला की वैज्ञानिक जानकारी प्राप्त करने में दोनों को शर्म, संकोच त्याग देना चाहिए। संभोग का प्रयोजन मात्र संतानोत्पत्ति न होकर दैहिक सुख और मानसिक सुख व संतोष प्राप्त करना भी है।

- प्राक्क्रीड़ा के बिना संभोग करना वैसा ही होता है, जैसे बिना किसी तैयारी के सफर पर चल देना। बिना प्राक्क्रीड़ा के स्त्री की काम-वासना जागृत नहीं होती। अतः पति की अपेक्षा पत्नी के लिए प्राक्क्रीड़ा अधिक महत्त्व है।

- प्राक्क्रीड़ा के दौरान पति को चाहिए कि पत्नी से ज्यादा मधुरता और अंतरंगता पैदा करने के लिए उसके एक-एक अंगों की प्रशंसा करे। तारीफों के पुल बांधे। ऐसे संवादों से अंग-प्रत्यंगों की संवेदनशीलता बढ़कर कामोत्तेजना में वृद्धि होगी।

- संभोग हमेशा एक प्रकार से न कर उसमें नवीनता लाते रहने से रोचकता और नई-नई प्रकार की अनुभूतियां मिलने से सेक्स सुख में वृद्धि होती है। इसके लिए विभिन्न सेक्स आसनों का प्रयोग रुचि अनुसार करना चाहिए। विपरीत आसन करके स्त्री को भी सक्रिय रूप से भाग लेने का मौका देना चाहिए, ताकि वह भी पूर्ण संतोष पा सके।

प्रश्न 56 : संभोग की अवधि कितनी होनी चाहिए?

उत्तर : संभोग की अवधि के संबंध में ऐसा कोई नियम नहीं है, जो हर पुरुष के लिए एक हो। विभिन्न पुरुषों में यह अवधि भिन्न-भिन्न होती है। आमतौर

पर संभोग का समय कुछ सेकंड्स से लेकर 2-3 मिनट तक का ही होता है। चूंकि संभोग क्रिया के दौरान समय का पता न चलने के कारण ऐसा एहसास होता है कि मानों वह बहुत समय तक संभोगरत रहा। संभोग काल की अवधि 5 से 15 मिनट ही मानी गई है।

जो पुरुष अपनी स्नायविक उत्तेजना को नियंत्रण कर संभोग तकनीक में माहिर होते हैं, वे आधे घंटे से लेकर एक घंटे तक संभोग क्रिया को जारी रखते हैं। इसके लिए वे संयम रखें और संभोग में जल्दबाजी न करें, तभी यह सब संभव हो सकता है। संभोग के दौरान रुक-रुककर घर्षण करना और जब लगे कि वीर्यपात होने का समय निकट आ गया है, क्रिया रोककर कुछ समय अपना ध्यान दूसरी बातों में लगाकर उसे बंटाने से भी संभोग की अवधि बढ़ सकती है।

प्रश्न 57 : संभोग के पश्चात क्रीड़ा क्या है और इसका क्या महत्त्व है?

उत्तर : वात्स्यायन का संभोग के पश्चात की कामोत्तेजक क्रीड़ाओं के संबंध में कहना है कि संभोग पूर्ण हो जाने के बाद तुरंत अलग न होकर स्त्री-पुरुष को कामोत्तेजक वार्त्तालाप में संलग्न रहते हुए एक-दूसरे का चुंबन लेते रहना चाहिए और आलिंगनबद्ध करते रहना चाहिए। एक-दूसरे के सौंदर्य का बखान करते रहना चाहिए।

जब स्त्री-पुरुष संभोग क्रिया पूर्ण होते ही अलग हट जाते हैं, तो दोनों की ही अतृप्ति, मन-मुटाव, स्वार्थ भावना का अहसास होता है, जो हानिकारक और अरुचिकर है। अतः वीर्यपात के बाद भी जब दिल बिलकुल रिक्त होता है, उस समय दोनों को प्यार भरी बातें करना चाहिए। धीरे-धीरे स्पर्श का सुख पहुंचाएं।

संभोग के तुरंत बाद दोनों को तेज प्यास लगना स्वाभाविक है। ऐसे में ठंडा पानी पीना स्वास्थ्य के लिए हानिकारक होता है, अतः उसकी जगह गुनगुना दूध शहद मिलाकर सेवन करें। इससे प्यास बुझने के साथ-साथ कामशक्ति की क्षतिपूर्ति भी हो जाएगी। इसके अलावा गुड़, सूखे मेवे, आंवले का मुरब्बा, गुलकंद, मिश्री, छुहारे मिला दूध, बादाम आदि का सेवन भी अत्यंत गुणकारी माना जाता है।

प्रश्न 58 : संभोग में पुरुष को असफलता क्यों मिलती है?

उत्तर : मनोवैज्ञानिक, मानसिक कारणों से ही अक्सर संभोग में असफलता मिलती है। जीवन में प्रथम बार संभोग करने वाले युवक का वीर्यपात शीघ्र हो जाता है, जिसका कारण अनुभव की कमी और मानसिक तनाव होता है। इस प्रथम अवसर की असफलता से चिंतित होने की जरूरत नहीं है। यह असफलता अस्थाई, अल्पकालिक होती है और प्रायः सभी पुरुषों को इस दशा से गुजरना ही पड़ता है।

अक्सर संभोग में पुरुष को असफलता मिलने के लिए अत्यधिक उत्तेजना के कारण मानसिक संतुलन बिगड़ना, अपनी पौरुष शक्ति के प्रति संदेहास्पद विचार रखना, आत्मविश्वास की कमी, शारीरिक और मानसिक थकान, स्त्री का पुरुष को पसंद न करना या पुरुष का स्त्री को पसंद न करना और उसके प्रति मन में घृणा का भाव, मदिरापान या अन्य नशीली चीजों का सेवन करना, अपरिचित स्थान एवं अपरिचित स्त्री से संभोग करते समय पकड़े जाने के भय से उत्पन्न मानसिक तनाव, स्त्री के गर्भवती हो जाने का भय, मल मूत्र के वेग को रोककर संभोग करना, जल्दबाजी में संभोग करना, बहुत दिनों के अंतराल से संभोग करना, स्त्री द्वारा सहयोग न करना, संभोग के समय एकांत न मिलना, मधुमेह रोग के कारण, चिंता करने, यौनांग और शारीरिक अंगों की कमजोरी जैसे अनेक कारण होते हैं। इनको दूर करके असफलता को सफलता में बदला जा सकता है, जो आत्मविश्वास और दृढ़ इच्छाशक्ति से संभव है।

प्रश्न 59 : संभोग में स्त्री को कष्ट क्यों होता है?

उत्तर : कष्टप्रद संभोग को चिकित्सा विज्ञान में डिसपैरयुनिआ (Dyspareunia) कहा जाता है। आजकल महिलाओं में यह रोग आम हो गया है। इस रोग से पीड़ित महिलाएं संभोग कराने से बचने की कोशिश करती रहती हैं, क्योंकि इसमें उन्हें आनंद की बजाय पीड़ा का अनुभव होता है। पति अपनी इच्छा पूरी करने के लिए पहल करता है और पत्नी उसे यह कहकर टालती है कि आज मूड नहीं है या तबीयत ठीक नहीं है। पत्नी द्वारा बार-बार इस प्रकार के जवाब का परिणाम यह होता है कि पति समझने लगता है कि उसकी उपेक्षा की जा

रही है । फलतः दांपत्य जीवन में कटुता आ जाती है ।

कष्टदायक संभोग के मानसिक और शारीरिक दो प्रकार के कारण हो सकते हैं । मानसिक कारणों में नवविवाहिता स्त्री का संकोच, संभोग के प्रति अत्यधिक भय, घृणा या कटु अनुभव, बलात्कार की शिकार, पति से विमुखता मुख्य रूप से होते हैं । जबकि शारीरिक कारणों में जननांग की मांसपेशियों का कड़ा होना, सिकुड़ना, योनि मार्ग या योनिमुख का सिकुड़ना, योनिपटल का कठोर व सुदृढ़ होना, अछिद्रता, सूजन, योनिमार्ग में घाव होना, योनि के भीतर चिकना स्राव न होना, गर्भनिरोधक क्रीम, जेली, गोलियों से उत्पन्न फोम से एलर्जी होना, अतिसंवेदनशीलता, गर्भाशय, डिम्ब ग्रंथियों, मूत्राशय में सूजन या शोथ होना, योनि के भीतर का संक्रमण, दीवारों का शोथ, गर्भाशय आगे की ओर झुका होना या पीछे की ओर मुड़ा होना, जननांग का कैंसर, गर्भाशय या डिंब ग्रंथियों का ट्यूमर होना होता है ।

योनि की मांसपेशियों में ढीलापन लाने के लिए संभोग से पहले योनि मुख पर और शिश्न पर तेल या जैली का प्रयोग करने से यह कष्ट दूर हो जाता है । संकोचशील, भयभीत स्त्री को मानसिक सांत्वना देते हुए और एक-दूसरे की भावनाओं और इच्छाओं का सम्मान करते हुए संभोग किया जाए, तो सुखद अनुभूति का आनंद प्राप्त किया जा सकता है । इसके बाद भी यदि स्त्री संभोग कराते समय दर्द से कराहे, चिल्लाए, आंसू बहाए, जननांगों में पीड़ा और जलन की शिकायत करे, तो स्त्री रोग विशेषज्ञ से संपूर्ण जांच अवश्य करा लें ।

प्रश्न 60 : संभोग के बाद थकावट क्यों महसूसस होती है?

उत्तर : आम लोगों में यह गलत धारणा फैली हुई है कि संभोग करने से जब वीर्य निकल जाता है, तो पुरुष को कमजोरी और थकावट महसूस होती है । इस कारण वे इस क्रिया से निपटकर शिथिल, निढाल होकर बिस्तर पर पड़े रहते हैं, जबकि वास्तविकता यह है कि थकावट या कमजोरी का अहसास शरीर से वीर्य के निकल जाने के कारण नहीं, बल्कि संभोग क्रिया के दौरान शरीर की हरकतों और स्नायविक तीव्र उत्तेजना के बाद सहसा उससे मुक्ति

मिलने के कारण होती है। तनाव जितना ज्यादा होगा, यह अनुभूति उतनी ही ज्यादा होगी। यही कारण है कि जब संभोग जल्दबाजी में, एकतरफा, मात्र इच्छापूर्ति के लिए किया जाता है, तब इसमें कम थकान मालूम पड़ती है, जबकि स्त्री-पुरुष का तन-मन से पूर्ण परस्पर सहयोग से, हर्षोल्लास के माहौल में किया गया संतोषप्रद संभोग में अधिक थकावट महसूस होती है।

दरअसल संभोग क्रिया में सिर्फ शिश्न ही सक्रिय नहीं होता, बल्कि संपूर्ण शरीर हरकत में आ जाता है, जिससे रक्त संचार बढ़कर दिल की धड़कन को बढ़ा देता है। सांस की गति तेज हो जाती है और स्नायुमंडल पूर्ण रूप से सक्रिय हो जाता है। वीर्य निकलते वक्त सारी उत्तेजनाएं अपनी पराकाष्ठा (क्लाइमेक्स) पर होती हैं। अतः संभोग बाद शिथिलता, थकावट या कमजोरी महसूस करना कोई आश्चर्य की बात नहीं है। अतएव इनसे घबराने की कोई जरूरत नहीं है।

प्रश्न 61 : मानसिक तनाव का संभोग पर क्या असर होता है?

उत्तर : मानसिक तनाव और संभोग का संबंध गहरा होता है, क्योंकि दोनों एक-दूसरे को घनिष्टरूप में प्रभावित करते हैं। मानसिक तनाव की स्थिति में किया गया संभोग कभी भी पूर्ण आनंद की अनुभूति नहीं प्रदान करता। अनेक बार स्त्री के सहयोग न करने से मानसिक तनाव और भी बढ़ जाता है। अकसर पुरुष अपनी तनावग्रस्तता, उलझनें, बेचैनी और थकावट मिटाने के लिए संभोग का सहारा लेते हैं, जो पूर्ण संतोषप्रद नहीं होता।

मनोवैज्ञानिकों के अनुसार भय, क्रोध, चिंता, आवेश, संकोच, लज्जा, शंका, घृणा, विषाद, भ्रम, क्षोभ, शोक, राग-द्वेष, विक्षोह, आत्महीनता और अहंकार की भावनाएं अनेक प्रकार के मानसिक तनाव को पैदा करती हैं। इससे मांसपेशियों व संवेगों में एक प्रकार का खिंचाव, कसाव या जड़ता का अनुभव होता है, जो आपके अंदर एक अजीब-सी बेचैनी, भय, घबराहट पैदा करती हैं। अतएव ऐसी हालत में संभोग करने से पूर्ण तृप्ति नहीं होगी, उलटे दांपत्य संबंधों में मधुरता के बजाय खटास उत्पन्न होगी।

उल्लेखनीय है कि मानसिक तनाव से उत्पन्न संभोग की असफलता और निराशा को किसी औषधि से दूर नहीं किया जा सकता। केवल पति-पत्नी ही एक-दूसरे को सहयोग देकर मानसिक तनाव से उत्पन्न संभोग की असफलता को दूर कर सकते हैं। याद रखें, तनाव से मुक्त संभोग से जीवनी शक्ति में वृद्धि होती है। अतः स्त्री-पुरुष को अपने-अपने मानसिक तनावों को भुलाकर पूर्ण उत्साह और उमंग के साथ संभोग क्रीड़ा का आनंद लेना चाहिए। ध्यान दें कि तनाव कम होगा तो सेक्स की जरूरत कम मालूम होगी और जितना यह बढ़ेगा, उतनी सेक्स की जरूरत बढ़ेगी।

प्रश्न 62 : मनोवैज्ञानिक दृष्टिकोण से सेक्स का क्या महत्त्व है?

उत्तर : सिग्मंड फ्रायड का कहना था कि सेक्स भावना का अर्थ जननांग तक ही सीमित न होकर विविध अंगों द्वारा होने वाली आनंद की अनुभूति से है। उनके अनुसार सुख पाने की यह प्रेरणा केवल बड़े होने पर ही नहीं, बल्कि जन्म से ही मनुष्य में रहती है। पैदा होने से एक साल की आयु तक मुख, जीभ, होंठ आदि अंग इसके केंद्र बिंदु होते हैं और इन्हीं के कारण सुख प्राप्ति या तनाव पैदा होते हैं।

फ्रायड का यह भी कहना था कि शिशु का जीवन भी सेक्स से जुड़ा होता है। परिपक्व जीवन में संभोगात्मक जीवन अस्वाभाविक हो जाता है। सारे बंधनों को तोड़कर नजदीकी रिश्तेदारों से संभोग करने की इच्छा सेक्स की वीभत्सता, अस्वाभाविक भावना ही है। हमारे मन के भीतर संघर्षों को चलाने वाली शक्ति ही सेक्स प्रवृत्ति है।

प्रश्न 63 : सेक्स विकृतियां क्यों पैदा होती हैं?

उत्तर : कामातुर व्यक्ति अंधा होता है और उसे जब प्राकृतिक संभोग में पूर्ण आनंद की अनुभूति नहीं मिलती, तो वह अप्राकृतिक कृत्यों का सहारा लेकर अपना सेक्स जीवन विकृत कर लेता है तथा जिन कृत्यों द्वारा वह सेक्स आनंद प्राप्त करता है, उसे सेक्स विकृतियां कहते हैं। कुछ प्रमुख सेक्स विकृतियां इस प्रकार हैं—

समलिंगी संभोग विकृति में पुरुष का पुरुष से संभोग किया जाता है। **लेस्बिया** विकृति में स्त्री द्वारा स्त्री के साथ संभोग आनंद प्राप्त किया जाता है। **पशु रति** विकृति में पुरुष पशु से संभोग कर सेक्स संतुष्टि पाता है। **पीड़ा रति** विकृति से ग्रस्त पुरुष स्त्री को पीड़ा पहुंचाकर सेक्स संतुष्टि महसूस करता है। **स्वरति** विकृति से ग्रस्त पुरुष या स्त्री अपने नग्न शरीर को देखकर ही काम संतुष्ट हो जाता है, जबकि **प्रच्छन्न-दर्शन रति** विकृति से ग्रस्त व्यक्ति छिपकर दूसरों को संभोग में लीन देखकर, दूसरों के गुप्तांगों को देखकर या किसी को नग्न अवस्था में देखकर ही सेक्स सुख का अनुभव पा लेता है। **स्वपीड़न रति** विकृति से पीड़ित व्यक्ति अपने को कष्ट पहुंचाकर संभोग में आनंद की अनुभूति पाता है। **अग्नि रति** विकृति से पीड़ित व्यक्ति जिससे संभोग करता है, उसे पीड़ा पहुंचाकर संतुष्ट होता है। **बाल रति** विकृति से परेशान व्यक्ति बच्चों के साथ संभोग कर संतुष्ट होना चाहता है। **दर्शन रति** विकृति से पीड़ित व्यक्ति केवल विपरीत लिंगी के गुप्त अंगों को देखकर ही आनंद और काम संतुष्टि पा लेता है। **गंध कामुकता** विकृति से ग्रस्त व्यक्ति पशु की तरह पसीना आदि सूंघकर ही कामोत्तेजित होकर कामसंतुष्टि पाते हैं। **प्रतिमा रति** विकृति से पीड़ित व्यक्ति सुंदर मूर्ति या तस्वीर पर ही फिदा

होकर कामतुष्टि पा लेते हैं। **मुख मैथुन** विकृति से ग्रस्त व्यक्ति मात्र मुख व होंठों से चूमने, चाटने भर से ही काम-संतुष्टि प्राप्त कर लेते हैं।

काम विकृतियां समय पर वासनाओं का उपाय न करने, मस्तिष्क और संयम की कमजोरी तथा दूषित विचारों व संस्कारों से पैदा होती हैं। अतः काम वासनाओं से दूर रहकर इनसे बचा जा सकता है।

प्रश्न 64 : किस स्त्री के साथ कब संभोग करना हानिकारक होता है?

उत्तर : हमारे आचार्यों ने उपदेश दिए हैं कि पत्नी के साथ ही संभोग करने से पति दीर्घजीवी, नीरोगी तथा रतिज रोगों से बचा रह सकता है। सुश्रुत ने कहा है कि संन्यासिनी, गुरु पत्नी या समान गोत्र वाली स्त्री के साथ, पर्व अवसर पर, वृद्धा के साथ, सान्ध्यकाल में संभोग करने से जीवन का नाश होता है। गर्भवती के साथ संभोग करने से गर्भ का नाश हो सकता है। रजस्वला के साथ संभोग करने से दृष्टि, आयु और तेज की हानि होती है। रुग्णा के साथ संभोग करने से बल का क्षय होता है। कुलटा, मलिन, शत्रुता रखने वाली, पुरुष को न चाहने वाली स्त्री के साथ खुले स्थान या मलिन स्थान पर संभोग करने से शुक्र और मन का क्षय होता है। प्रातःकाल में संभोग करने से वात, पित कुपित होते हैं। स्त्री को ऊपर लिटाकर संभोग करने से शुक्राश्मरी उत्पन्न होती है।

महर्षि मनु ने स्पष्ट रूप से बताया है कि ऋतु के प्रथम चार दिन और ग्यारहवीं तथा तेरहवीं रात्रि पुरुष को स्त्री के साथ संभोग नहीं करना चाहिए। सुबह, शाम के समय मिलने पर, पर्व के दिन, अर्धरात्रि के समय संभोग करना हानिकारक होता है।

प्रश्न 65 : अत्यधिक संभोग करना क्या स्वास्थ्य के लिए हानिकारक होता है?

उत्तर : सुश्रुत संहिता में लिखा है कि पुरुष को अति स्त्री संभोग नहीं करना चाहिए, क्योंकि इससे शूल, खांसी, ज्वर, दुबलापन, पीलिया, टीबी आदि वायु रोग हो जाते हैं।

शास्त्रों में यह भी कहा गया है कि जो पुरुष जवानी में वीर्य की अधिकता से संभोग ज्यादा करता है, वह जल्द ही बूढ़ा हो जाता है। आवश्यकतानुसार संभोग ही शरीर और मन की सभी गतिविधियों को चुस्त रखता है।

संभोग का आनंद मर्यादित होकर उठाया जाए तथा इसमें न तो लिप्त रहना चाहिए और न ही इससे बिलकुल परहेज करना चाहिए। संभोग का मध्यम मार्ग अपनाना ही श्रेष्ठ है। ऐसा तभी संभव हो सकेगा, जब संभोग में संयम, मर्यादा और शास्त्र निर्देशों का पालन किया जाए।

प्रश्न 66 : योनि शिथिलता क्या होती है? क्या योनि को पुनः तंग किया जा सकता है?

उत्तर : नियमित संभोग करते-करते योनि में ढीलापन आ जाता है। इसके अलावा अति संभोग, बहु प्रसव, हस्तमैथुन आदि कारणों से भी योनि शिथिल होकर चौड़ी हो जाती है, जिससे संभोग के समय शिश्न का दबाव उसमें नहीं पड़ता और पुरुष को पूरा-पूरा आनंद नहीं मिलता।

प्रसव के बाद टांके बराबर न लगने और स्तनपान न कराने से योनि शिथिल हो जाती है। योनि के ढीले होने से स्त्री को भी संभोग सुख का पूर्ण आनंद प्राप्त नहीं होता।

शिथिल योनि को तंग करने के लिए निम्नलिखित उपाय किए जा सकते हैं :

- माजूफल, सफेद फिटकिरी, अनार के बक्कल, जामुन की छाल और राल सभी 10-10 ग्राम की मात्रा में लेकर मिक्सी में अच्छी तरह मिलाकर पाउडर बना लें, फिर छानकर शीशी में भर लें। संभोग के एक घंटे पूर्व एक चम्मच की मात्रा में यह पाउडर योनि में पहुंचा दें। योनि संकुचित हो जाएगी और संभोग में सुहागरात का आनंद आएगा।

- कमल के नाल सहित पुष्प को दूध के साथ पीसकर सुपारी के बराबर गोली बना लें और संभोग के दो घंटे पूर्व योनि में रखने से उसमें कसाव पैदा होगा।

73

- बच, सोंठ, पीपर, हलदी, असगंध, तालमखाने के बीज, महुए की लकड़ी बराबर-बराबर मात्रा में मिलाकर पीस लें और छानकर शीशी में भर लें। संभोग के एक घंटा पूर्व योनि में एक चम्मच की मात्रा में पहुंचा देने से योनि तंग हो जाएगी।
- आयुर्वेदिक दवा सुपारी पाक का नियमित सेवन करने से भी योनि में संकुचन होता है।

प्रश्न 67 : संभोग में सेक्स आसनों के प्रयोग का क्या महत्त्व है?

उत्तर : स्त्री-पुरुष के द्वारा संभोग के लिए अपनाई गई विशेष मुद्रा, शारीरिक स्थिति को ही 'आसन' के नाम से जाना जाता है। काम साहित्य में 84 आसनों का उल्लेख मिलता है। लेकिन आमतौर पर उपयोग में आने वाले और सुविधाजनक आसनों की संख्या सीमित होती है। अकसर यह प्रश्न पूछा जाता है कि विभिन्न प्रकार की मुद्राओं वाले आसनों को क्यों बनाया गया है? एवं इनके उद्देश्य क्या-क्या हैं?

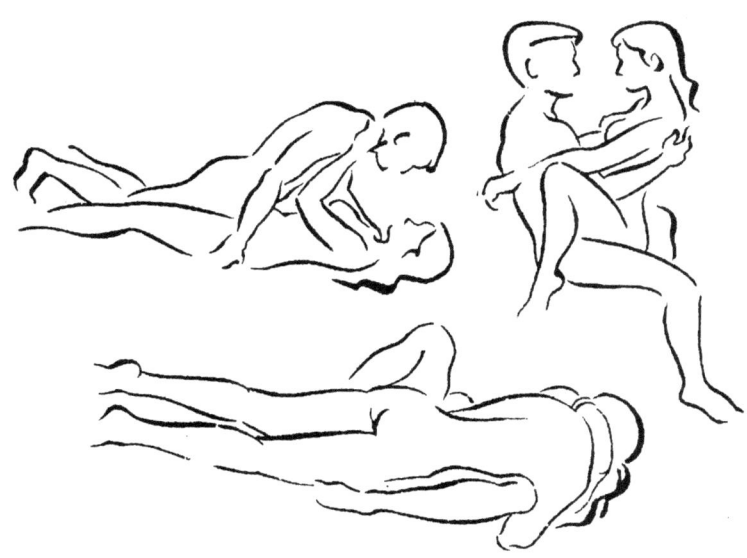

संभोग में नीरसता, ऊब, पुरानापन से छुटकारा पाने के लिए विभिन्न आसनों का सहारा लेकर सेक्स संबंधों में नवीनता का होना परमावश्यक है। आसनों की नवीनता पति-पत्नी को भरपूर उत्तेजना और आनंद की नई-नई अनुभूतियां प्रदान करती है।

सेक्स विशेषज्ञों का कहना है कि आसनों का उद्देश्य संभोग क्रिया में अधिक सुख अनुभव करना, मानसिक संतोष प्राप्त करते हुए संभोग की संभावित हानियों से बचना है।

अकसर स्त्री-पुरुष की जननेंद्रियों की असमानता के कारण संभोग सुख का पूर्ण आनंद नहीं मिलता। अतः आसन का चुनाव करते समय जननेंद्रियों की बनावट को विशेष रूप से ध्यान में रखना होता है, ताकि अनुकूल आसन का प्रयोग कर अधिक-से-अधिक संभोग का आनंद उठाया जा सके।

संभोग के दौरान अनुकूलता लाने के लिए आसनों का सहारा लिया जाता है। सही आसन को अपनाने वाले स्त्री-पुरुष को, उनके सेक्स अंगों को किसी प्रकार की क्षति पहुंचने का अनुभव नहीं होता। न्यूनाधिक, घर्षण, दबाव से कोई दुष्परिणाम नजर नहीं आता। अतः आसनों का महत्त्व न केवल सेक्स आनंद बढ़ाने के लिए जरूरी है, बल्कि उससे संभोग के दौरान उत्पन्न होने वाली विषमताओं को भी दूर किया जा सकता है।

प्रश्न 68 : अप्राकृतिक संभोग करने के क्या-क्या दुष्परिणाम होते हैं?

उत्तर : बढ़ती हुई यौन पिपासा को शांत करने के लिए अति कामुकता की प्रवृत्ति ने अप्राकृतिक संभोग को बढ़ावा दिया है, जो मानव को द्रुतगति से नैतिक पतन के गर्त मे ढकेल रही है। जिन्हें स्त्री की योनि से संभोग करने का मौका नहीं मिलता वे अप्राकृतिक साधनों जैसे हस्तमैथुन, कुतिया, गाय, बकरी, बिल्ली, घोड़ी, गधी आदि से संभोग करके अपनी कामवासना की पूर्ति कर लेते हैं।

कुछ लोग अतिकामुकतावश, तो कुछ विचित्र सेक्स अनुभव प्राप्त करने के

उद्देश्य से भी पशु संभोग करते हैं। इसमें अपेक्षित आनंदपूर्ण कामतुष्टि नहीं मिलती, क्योंकि सेक्स जीवन में चरमसुख की सबसे अधिक अनुभूति सम प्राणी वर्ग की संभोग क्रिया में ही संभव हो सकती है। विषम प्राणी वर्ग से की गई संभोग क्रिया कामेच्छा तृप्ति की विफल और अस्वस्थ प्रक्रिया ही है।

अप्राकृतिक संभोग के अन्य उपायों से भी जननांगों को नुकसान होने की पूर्ण संभावना होती है। अतः इन निम्न साधनों से बचकर प्राकृतिक उपाय से ही अपनी कामवासना शांत करनी चाहिए।

प्रश्न 69 : समलैंगिक सेक्स संबंध क्यों किए जाते हैं?

उत्तर : समलैंगिक सेक्स संबंध का मतलब आम भाषा में एक पुरुष का किसी दूसरे पुरुष से या एक स्त्री का दूसरी स्त्री से सेक्स संबंध कायम करना समझा जाता है। पुरुष से पुरुष के संबंध को अंग्रेजी में 'होमोसेक्सुअल' और स्त्री से स्त्री के संबंध को 'लेसबियनिज्म' के नाम से जाना जाता है।

वैज्ञानिक खोजों और सर्वेक्षणों के अनुसार स्त्री में समलैंगिक सेक्स संबंध उसी तरह प्रचलित है, जिस तरह पुरुष में। मनोविश्लेषकों का कहना है कि समलैंगिक सेक्स संबंध अवयस्कता का परिणाम है। हर व्यक्ति अपना सेक्स जीवन दैहिक आनंद के साथ आरंभ करता है, जैसे स्नान करने का आनंद, जो आगे चलकर मूत्र और गुदा मार्ग के क्षेत्रों में केंद्रित होकर जननेंद्रियों में रुचि के रूप में प्रकट होती है।

अकसर प्रेम में असफल होने के कारण भी कोई लड़का या लड़की विपरीत लिंग के प्रति मन में घृणा भाव से समलैंगिक सेक्स संबंध जोड़ना शुरू कर देता है। सेक्स शिक्षा की कमी की वजह से भी युवावस्था में स्त्री और पुरुष समलैंगिक संबंध कायम कर लेते हैं।

समलैंगिक सेक्स संबंधों से स्त्रियों में हिस्टीरिया, प्रदर, सोमरोग आदि उत्पन्न होकर मासिक धर्म बिगड़ जाता है, गर्भाशय में ऐसी विकृति आ जाती है कि गर्भ जल्दी नहीं ठहरता, स्तनों में उचित उभार नहीं होता। जबकि पुरुष में इस अस्वाभाविक क्रिया से शिश्न और गुदा में विकृति पैदा हो जाती है। गुदभ्रंश,

गुदव्रण, भगन्दर जैसे गुदा रोग और शिश्न के छिल जाने से सिफलिस, गनोरिया, मूत्राशय में जलन, स्वप्नदोष, नपुंसकता, प्रमेह, शीघ्रपतन जैसे दुष्परिणाम होने की संभावना होती है।

प्रश्न 70 : मासिक धर्म के दिनों में संभोग करें या न करें?

उत्तर : धार्मिक मान्यताओं के चलते मासिक धर्म के दिनों में संभोग करना पाप समझा जाता है, जबकि मासिक धर्म के दौरान स्त्री को अशुद्ध मानने और उसे दैनिक कार्यों से मना करने का कोई वैज्ञानिक आधार नहीं है। आधुनिक सेक्स वैज्ञानिकों का कहना है कि इन दिनों स्त्री अत्यधिक कामुक हो जाती है, जिससे संभोग कराने की अत्यंत तीव्र अभिलाषा जागृत होने से उसे संतुष्ट करना चाहिए।

दूसरी ओर पुरुषों में यह मान्यता प्रचलित है कि मासिक धर्म के दौरान संभोग करने से उन्हें गुप्त रोग लग सकते हैं। सिफिलिस, गनोरिया, पेशाब में जलन, शिश्न मुण्ड की खुजली जैसी तकलीफें हो सकती हैं। इन दिनों निकलने वाला योनि का स्राव दूषित होता है, जिससे संक्रमण बहुत जल्दी फैलता है। इस कारण मासिक धर्म के दिनों में पुरुष संभोग से दूर रहना ही पसंद करते हैं। मासिक धर्म के दिनों में स्त्री पर आलस्य और स्नायविक तनाव का बोझ अधिक होता है। स्वभाव चिड़चिड़ा और शरीर भारी रहने लगता है। इसके अलावा जनन अंगों के फूलने, कामोत्तेजना के कारण अधिक रक्तस्राव की परेशानी, संभोग से अधिक रक्तस्राव की समस्याओं के कारण भी स्त्री इन दिनों संभोग कराने से डरती है और उससे बचना चाहती है। ऐसी परिस्थितियों में यदि दंपती 4-5 दिन तक संभोग न करें, तो उचित ही कहा जाएगा। यदि स्त्री पूर्ण स्वस्थ हो, संतुलित स्राव हो, मासिक धर्म निरापद हो, सफाई का पूरा ध्यान रखा जाए और पुरुष भी स्वच्छता का पूरा ध्यान रखते हुए अपनी कामेच्छा पूरी कर ले, तो अनुचित नहीं कहा जां सकता।

वैज्ञानिक दृष्टि से देखा जाए, तो मासिक धर्म के दिनों में सहवास करने से आमतौर पर स्वास्थ्य पर कोई प्रतिकूल प्रभाव नहीं पड़ता है। फिर भी पति पत्नी में से किसी एक को यह ठीक न लगे, तो दूसरे को उसकी इच्छा के अनुरूप ही चलना चाहिए। यदि स्त्री को यह अप्रिय लगता है, तो खुलकर पुरुष के सामने अपनी बात रखे!

प्रश्न 71 : रोगी होने पर संभोग करना चाहिए या नहीं?

उत्तर : संभोग करने की शक्ति के लिए जहां शुद्ध, संतुलित और स्थिर मानसिक शक्ति का होना जरूरी होता है, वहीं शारीरिक रूप से भी स्वस्थ होना महत्त्वपूर्ण माना गया है। यों तो छोटी-मोटी अस्वस्थता में संभोग करना हानिकारक नहीं होता, बल्कि अनेक बार थकान, सिर दर्द की तकलीफ में, मानसिक तनाव की स्थिति में संभोग करने से राहत भी मिलती है।

पुरानी शारीरिक बीमारियों का यौनेच्छा और संभोग क्षमता पर काफी असर होता है। ऐसे में किया गया संभोग थकान और कमजोरी उत्पन्न करता है। अतः संभोग से परहेज करते हुए पौष्टिक आहार का सेवन करना चाहिए।

अकसर बुखार में कामेच्छा बढ़ जाती है, जो स्वाभाविक सेक्स अपील नहीं होती, बल्कि स्नायविक संस्थान की विचित्र दशा के कारण होती है। इस अवस्था में संभोग करना उचित नहीं होता, क्योंकि इससे रोग में वृद्धि हो सकती है। हृदय रोग डायबिटीज, हाई ब्लड प्रेशर जैसे रोग से पीड़ित व्यक्ति को संभोग क्रिया करते समय सावधानी बरतनी चाहिए।

प्रश्न 72 : गर्भावस्था में संभोग कब तक करना चाहिए?

उत्तर : सेक्सोलाजिस्टों का कहना है कि गर्भावस्था के दौरान संभोग पूर्णतया छोड़ना जरूरी नहीं होता। जरूरत इस बात की है कि संभोग की एक सीमा हो, संभोग क्रीड़ा आक्रामक न हो, सेक्स संबंध बिलकुल सरल ढंग का हो, संभोग की तकनीक में विशेष आसनों के जरिए परिवर्तन किया जाए तथा मां और गर्भस्थ शिशु की पूरी जांच-पड़ताल करके निश्चय किया जाए कि सबकुछ सामान्य स्थिति में हो तो संभोग किया जा सकता है। चिकित्सकीय जांच के आधार पर समय-समय पर पूरे 9 माह, 6 माह या केवल शुरू के 3 माह और अंतिम 3 में में संभोग निश्चिंत होकर किया जा सकता है।

कुछ पति गर्भवती पत्नी से संभोग करने से कतराते हैं, जबकि गर्भावस्था में स्त्री की इच्छा काफी बढ़ जाती है। ऐसे में उसकी इच्छा की पूर्ति अवश्य की जानी चाहिए अन्यथा भविष्य में पैदा होने वाली संतान विलासी हो सकती है।

जो पत्नियां संभोग के मामले में जितनी स्वच्छंद होती हैं और पति से अधिक प्यार करती हैं, उनकी कामेच्छा गर्भ के 5-6 माह तक बनी रहती है और फिर धीरे-धीरे कम होती जाती है। गर्भधारण करने के बाद भी संभोग करने की इच्छा का बरकरार रहना इस बात का द्योतक है कि उसकी कामवासना का दमन न होकर सेहत पर बुरा असर नहीं पड़ रहा है। जिन्हें गर्भपात हो जाता है, ऐसी स्त्री को गर्भावस्था के प्रथम 3 माह में अधिक सावधानी बरतकर सहवास से बचना चाहिए।

गर्भावस्था में संभोग ऐसे आसनों से करना चाहिए ताकि पत्नी के बढ़े हुए पेट पर दबाव न पड़े। शिश्न का योनि में प्रवेश भी धीरे-धीरे करना चाहिए। जहां तक हो सके, गर्भावस्था के अंतिम माह में संभोग से परहेज करें। इस अवधि में संभोगरत होने से, केवल पत्नी को असुविधा महसूस होती है, बल्कि उसे पीड़ा भी पहुंच सकती है। संभोग से परहेज का मतलब यह नहीं कि पत्नी से प्रेम प्रदर्शन ही न किया जाए। पत्नी को खुश रखते हुए प्रेम भरे मीठे बोल बोलें। इच्छित चीजें खिलाएं। इस प्रकार एक-दूसरे को सहारा देकर गर्भावस्था और प्रसव जैसे कठिन दौर को आसानी से गुजारें।

प्रश्न 73 : क्या रजोनिवृत्ति के बाद निश्चिंत होकर संभोग किया जा सकता है?

उत्तर : जब 45-50 वर्ष की उम्र में स्त्री को मासिक स्राव आना बंद हो जाता है, तो वह गर्भधारण करने योग्य नहीं रहती। ऐसी अवस्था को रजोनिवृत्ति कहा जाता है। इस अवस्था में प्रजनन शक्ति तो समाप्त हो जाती है, लेकिन कामेच्छा नहीं मरती। संभोग में पहले जैसा ही आनंद आता है, बल्कि बच्चे न होने की शंका दूर होने से स्त्री का आवेग और उत्साह इस क्रिया में और बढ़ जाता है।

अकसर स्त्री के मन में रजोनिवृत्ति के बाद यह भय बैठ जाता है कि उसका पति उसमें रुचि नहीं लेगा और उसका सेक्स जीवन नीरस हो जाएगा। व्यर्थ की मानसिक चिंता से ऐसी स्त्रियां तनाव, भय, शंका, स्नायविक विकारों से ग्रस्त होकर कामशीतलता का शिकार हो जाती हैं, जबकि कुछ स्त्रियों के मन

में अपनी आशंका जनित हीनता को छिपाने के लिए स्वयं को अधिक कामेच्छु प्रदर्शित करने की लालसा पैदा हो जाती है। जिस कारण ऐसी स्त्रियां कामोन्माद का शिकार बन जाती हैं।

प्रश्न 74 : प्रसव के कितने दिनों के बाद संभोग करना उचित माना गया है?

उत्तर : चिकित्सकों के अनुसार बच्चा पैदा होने अथवा प्रसव के बाद यौनांगों को अपनी पूर्व अवस्था में आने के लिए 6 से 8 सप्ताह का समय लगता है। अतः उतने समय तक संभोग से बचना चाहिए।

शरीर रचना और यौन विज्ञान की विचारधारा के अनुसार प्रसवोपरांत स्त्री के सेक्स अंग कमजोर होते हैं, उनसे जरा से भी घर्षण से रक्तस्राव हो सकता है, प्रसव के दौरान उभरे घाव पर क्षति पहुंच सकती है, संक्रमण होने का खतरा हो सकता है। अतः कम-से-कम 6 हफ्ते संभोग से परहेज रखना ही चाहिए। इस संबंध में डॉक्टर की सलाह ले ली जाए तो उचित होगा, क्योंकि हर स्त्री में प्रसव के बाद की स्थिति भिन्न-भिन्न प्रकार की हो सकती है।

प्रश्न 75 : हृदय रोगी संभोग से कितना परहेज करें?

उत्तर : कुछ समय पहले तक डॉक्टर हृदय के रोगी को सेक्स संबंध कायम रखने की बात ही भूल जाने को कहते थे, क्योंकि संभोग के दौरान जो उत्तेजना की स्थिति आती है, उसमें रक्तचाप जिस रूप में बढ़कर हृदय पर भार डालता है, उससे स्वास्थ्य को बड़ा खतरा झेलने की आशंका रहती है। परंतु आधुनिक खोजों से ज्ञात हुआ है कि अब हृदय रोगी भी संभोग सुख का आनंद उठा सकते हैं।

सेक्स विशेषज्ञों का मत है कि हृदय के दौरे (हार्ट अटैक) के बाद स्वस्थ होने पर 80 प्रतिशत रोगी अपना सेक्स जीवन बिना किसी खतरे के बिता सकते हैं। शेष 20 प्रतिशत रोगी एक सीमा तक खतरे के संकेत पर नजर रखते हुए संभोग कर सकते हैं। ये खतरे के संकेत सांस की उखड़ी-उखड़ी गति, हृदय

की धड़कनों का बढ़ना, सीने का दर्द, नाड़ी का तेज गति से चलना आदि से पहचाने जाते हैं।

सामान्यतया यदि हृदय रोगी के साथ कोई अन्य जटिल शारीरिक या मानसिक समस्या न हो तो वह दिल के दौर के कुछ महीने बाद से सेक्स संबंध शुरू कर सकता है। अपने दिल की क्षमता का सही ज्ञान प्राप्त करने के लिए स्ट्रेस टेस्ट करा लें। इससे जब यह पता लग जाए कि टेस्ट नेगेटिव है, तो व्यक्ति सामान्य सेक्स जीवन जी सकता है।

हृदय रोगी को संभोग से पूर्व शराब और गरिष्ठ भोजन से बचना चाहिए। अपरिचित जगह में प्रेमिका के साथ रंगरलियां मनाना, चोरी-छिपे पर स्त्री से संभोग करने से हृदय की धड़कनें काफ़ी बढ़ जाती हैं। अतः इनसे बचना ही बेहतर होगा। संभोग के दौरान या बाद में यदि सीने में दर्द का अनुभव हो जाए, तो तुरंत नाइट्रोग्लिसरीन की गोली जैसे सोर्बिट्रेट जीभ के नीचे लेकर सेवन करना न भूलें। इसे हमेशा अपनी जेब में रखना चाहिए, क्योंकि यह जीवनदायिनी औषधि है। इसके अभाव में मृत्यु तक हो सकती है।

प्रश्न 76 : दमा रोगी संभोग करते समय क्या-क्या सावधानियां रखें?

उत्तर : दमे की बीमारी में फेफड़े की श्वसन क्षमता कम हो जाने से संभोग के दौरान रोग का दौरा पड़ सकता है। जब इसका रोगी डरकर, मानसिक तनाव की स्थिति में संभोग करता है, तो दमे का प्रकोप और अधिक बढ़ जाता है।

संभोग क्रिया को सफल बनाने के लिए दमे के रोगी को दौरे की तीव्रता को कम करने वाले उपायों को अपनाना चाहिए। श्वसन अर्थात् सांस के बाहर फेंकने की क्षमता को अभ्यास करके बढ़ाना चाहिए, ताकि संभोग के दौरान सांस बाहर फेंकने और सांस द्वारा ऑक्सीजन अंदर लेने में किसी प्रकार की कठिनाई पैदा न हो।

विपरीत आसन में पुरुष नीचे और स्त्री ऊपर लेटकर क्रिया करेंगे तो आनंद भी अधिक आएगा और दौरा पड़ने की संभावना न होगी। स्त्री के सक्रिय रूप

से भाग लेने से उसे भी अपनी उत्तेजना को शांत करने का पूरा मौका मिलेगा। यदि स्त्री दमा से पीड़ित हो, तो फिर स्त्री नीचे और पुरुष ऊपर रहेगा।

प्रश्न 77 : अगम्य गमन (इनसेस्ट) क्यों किया जाता है?

उत्तर : अगम्य गमन का शाब्दिक अर्थ है—जिससे संभोग करना वर्जित किया गया हो, उसी से संभोग करना। अर्थात् रिश्ते से रक्त संबंधियों के साथ किया गया सेक्स संबंध। भाई-बहन, मां-बेटा, बाप-बेटी के साथ किया गया संभोग अगम्य गमन के अंतर्गत आता है, जो दुनिया भर में घनघोर पापाचार के रूप में देखा जाता है। ये यौनाचार समाज-सम्मत नहीं होते, उन्हें तो लुक-छिपकर **या चोरी से** पूरे किए जाते हैं।

ज्ञातव्य है कि निकटतम रक्त संबंधियों के बीच संभोग से उत्पन्न संतान कमजोर और रोगी पैदा होती है, जबकि 'क्रास ब्रीडिंग' यानी विभिन्न गोत्र के स्त्री-पुरुष के संभोग से उत्पन्न संतान स्वस्थ और बलवान पैदा होती है। अतः सामाजिक मान्यताओं के द्वारा निकट रक्त संबंधियों और सगोत्र स्त्री-पुरुष के विवाह को मान्य नहीं माना गया है।

अगम्य गमन विषय पर अध्ययन कर्ताओं के मतानुसार ऐसे मामले पहले से अब बहुत ज्यादा बढ़ गए हैं। पिता-पुत्री के संबंधों के अधिकांश प्रकरणों में शराबी पिता ही पाए गए हैं। जिन परिवारों में शिक्षा का स्तर निम्नतम होता है, उनमें इस प्रकार की घटनाएं अधिकांश रूप में घटित होती हैं।

डॉ. वाइनबर्ग ने अगम्यता के 203 प्रकरणों के अध्ययन से ज्ञात किया है कि घरों में भीड़ रहने के कारण भी ऐसे मामले होते हैं। उन्होंने यह भी पाया कि पिता-पुत्री अगम्यता वैसी दशा में हो जाती है, जिसमें पिता परिवार को रौब-दाब में रखता है। माता-पुत्र अगम्यता उस दशा में होती है, जब परिवार को मां अपने रौब-दाब में रखती है। जिस परिवार में मां या बाप, किसी का भी पूर्ण रौब-दाब नहीं था, वैसे परिवारों में भाई-बहन अगम्यता के मामले हुए थे।

मनोविज्ञान की दृष्टि से अगम्य गमन को एक सेक्स रोग मात्र माना जाता है,

जो स्नायु मनोविकार होता है। इससे मुक्ति पाने के लिए मनोविश्लेषण और मानसिक उपचार की जरूरत होती है।

प्रश्न 78 : क्या संभोग शक्ति बढ़ाई जा सकती है?

उत्तर : संभोग क्रीड़ा को सबसे बड़ा सुख माना गया है। यही वजह है कि हर कोई इस सुख को निरंतर पाना चाहता है। इसके लिए जरूरी है कि पुरुष में पर्याप्त सेक्स शक्ति बनी रहे। अतः पुरुष अपनी संभोग शक्ति को बढ़ाने के लिए तरह-तरह की दवाइयों और बाजीकरण योगों की तलाश में लगा रहता है।

सदियों से पुरुष वर्ग ऐसी चमत्कारिक दवाओं की तलाश में लगा हुआ है, जो उसकी कमजोर पड़ती संभोग शक्ति को बढ़ाने में शर्तिया साबित हो। अनेक देशों के डॉक्टरों, वैद्यों, हकीमों और साधु-संतों के द्वारा अनगिनत चमत्कारी दवाएं खोज लेने के दावे आए दिन प्रकाश में आते रहते हैं।

वास्तव में संभोग बढ़ाने वाली अधिकांश दवाएं स्वाभाविक क्षमता को हमेशा के लिए नहीं बढ़ातीं, बल्कि क्षणिक उत्तेजना ही प्रदान करती हैं। लेकिन इनके दूरगामी दुष्परिणाम यह होते हैं कि व्यक्ति की यौन क्षमता शिथिल और कमजोर हो जाती है और बिना दवा का सेवन किए, सामान्य संतोषप्रद संभोग करना भी संभव न होगा। दवा पर ऐसी निर्भरता निश्चय ही हमारे सेक्स जीवन के लिए हानिकारक है।

सेक्स क्षमता की स्वाभाविक वृद्धि के लिए ऐसे आहार का सेवन नियमित रूप से करें, जो आपकी सेक्स ऊर्जा को बढ़ा सकें। इनके सेवन से सेक्स क्षमता दीर्घकाल तक बनी रहेगी और आपको व्यर्थ की दवाओं के सेवन की जरूरत ही नहीं पड़ेगी। आधुनिक सेक्स विशेषज्ञों ने संभोग शक्ति बढ़ाने के लिए टेस्टोस्टेरान हार्मोन लेने की सलाह अवश्य देते हैं, जब किसी पुरुष में यह हार्मोन पर्याप्त मात्रा में नहीं बन रहा हो, लेकिन बेवजह क्षमता बढ़ाने के उद्देश्य से इन हार्मोन का उपयोग लाभ की बजाए हानि ही अधिक करता है।

प्रश्न 79 : बाजीकरण क्या होता है? क्या घरेलू नुसखों से इसे प्राप्त किया जा सकता है?

उत्तर : बाजीकरण का अर्थ व्यापक होता है। ऐसे प्रयोग जिनके सेवन से वीर्यहीन पुरुष वीर्यवान हो जाए, पुरुष घोड़े की तरह रहकर बार-बार संभोग करने की शक्ति प्राप्त करे, तत्काल शिश्न उत्तेजना प्राप्त हो, वृद्धावस्था में भी शरीर वीर्य से भरा रहे और संभोग की इच्छा एवं शक्ति बराबर बनी रहे, शरीर बलवान और पुष्ट बने रहने को बाजीकरण कहते हैं। बाजीकरण प्रयोगों का सेवन शीतकाल में अधिक लाभदायक होता है, क्योंकि इसमें ये आसानी से हजम हो जाते हैं। यहां कुछ घरेलू लाभदायक नुसखे दिए जा रहे हैं, जिन्हें आसानी से घर पर ही तैयार कर आप लाभ उठा सकते हैं–

- प्याज का रस दो चम्मच, एक चम्मच घी, अदरक का रस एक चम्मच और आधा चम्मच शहद मिलाकर सुबह नाश्ते के पहले तथा रात में सोने के एक घंटा पहले सेवन कर ऊपर से एक कप मीठा दूध नियमित रूप से 60 दिन तक पीने से बल, वीर्य और संभोग शक्ति बढ़ती है।

- बड़ का पत्ता तोड़ने पर उसके डंठल से जो दूध टपकता है, उसे एक बताशे में 10-15 बूंद टपका लें, फिर उसे खाकर ऊपर से एक कप दूध पी लें। दिन में 2-3 बार यह प्रयोग करके निरंतर 40 दिन सेवन करने से न केवल वीर्य बढ़ेगा, बल्कि वह गाढ़ा व शुद्ध होकर स्तंभन शक्ति को भी बढ़ा देगा।

- 100 ग्राम कौंच के बीज लेकर एक लीटर दूध में इतना उबालें कि दूध गाढ़ा हो जाए। फिर बीजों के छिलके और दूध निकाल कर छिलका रहित बीजों की दोगुनी मात्रा में मैदा मिक्सी में अच्छी तरह मिलाकर गूंथ लें। सुपारी के बराबर गोलियां बनाकर शुद्ध घी में तल लें। शक्कर की चाशनी में लिपटाकर शहद की शीशी में डुबोते जाएं। फिर एक-एक गोली सुबह-शाम खाली पेट चबाकर एक कप मीठे दूध के साथ नियमित सेवन करने से अपार

पौरुषबल बढ़ता है। इससे सभी धातुओं की पुष्टि होती है। इसका कुछ माह तक लगातार सेवन करना अत्यंत लाभकारी होता है।

- शतावर, विदारीकंद, मुलेठी, सफेद मूसली, नागकेसर, हरड़, बहेड़, आंवला, गिलोय समान मात्रा में लेकर मिक्सी में अच्छी तरह मिला लें, व छानकर शीशी में भर लें। एक चम्मच की मात्रा में इसे लेकर आधा चम्मच शुद्ध घी और पाव भर शहद के साथ मिलाकर दिन में तीन बार नियमित सेवन करने से बल, वीर्य, पौरुष शक्ति बढ़ती है और शरीर हृष्ट-पुष्ट बनता है।

- शकरकंद को सुखाकर उसे कूट-पीसकर आटा बना लें। फिर उसमें बराबर की मात्रा में सिंघाड़े का आटा मिलाकर शुद्ध घी में भून लें और फिर शक्कर मिलाकर हलवा तैयार करें। यह हलवा 50 से 100 ग्राम की मात्रा में नियमित सेवन करने से पतला वीर्य गाढ़ा होकर स्तम्भन शक्ति बढ़ती है और शरीर में पुष्टता आती है।

- उड़द की दाल, गेहूं छिलका रहित, जौ और चावल का आटा बराबर की मात्रा में मिलाकर घी में भून लें। इससे दोगुनी शक्कर की चाशनी में मिलाकर 50 ग्राम वजन के लड्डू बना लें। सुबह और रात में एक-एक लड्डू का सेवन कर ऊपर से एक कप मीठा दूध नियमित सेवन करने से वीर्य की मात्रा बढ़कर उसमें गाढ़ापन आता है और पौरुष शक्ति बढ़ती है।

- सेमल की मूसली को कूट कर व छानकर शीशी में भर लें। इसमें बराबर की मात्रा में शहद मिलाकर एक कप दूध के साथ दिन में तीन बार दो चम्मच की मात्रा में निरंतर सेवन करते रहने से पुनर्-यौवन प्राप्त होता है। चेहरा खिल उठता है, बुढ़ापे में भी संभोग शक्ति आ जाती है। यहां तक कि सिर के बाल भी काले होने लगते हैं। वीर्य की वृद्धि होती है। शीघ्रपतन और नपुंसकता की तकलीफ दूर हो जाती है।

- दो चम्मच शहद के साथ 10 ग्राम मुलेठी का चूर्ण मिलाकर चाटने और ऊपर से एक कप ठंडा मीठा दूध दिन में दो बार नियमित रूप से सेवन करते रहने से पौरुष बल बढ़ता है और अधिक देर तक स्तम्भन होता है।

प्रश्न 80 : शीघ्रपतन क्यों होता है और इसे कैसे दूर किया जा सकता है?

उत्तर : कई दिनों के अंतर से जब संभोग किया जाता है, तो शिश्न के अतिसंवेदनशील होने के कारण शीघ्रपतन हो जाता है। यही स्थिति नवविवाहितों को उनकी सुहागरात में उत्पन्न होती है, लेकिन जब नियमित रूप से संभोग किया जाता है, तब हर अगले दिन पूर्व के दिन से अधिक समय तक आप संभोग कर पाते हैं। अतएवं शीघ्रपतन कोई गंभीर समस्या नहीं है। हर पुरुष को इसका अनुभव होता है, लेकिन बाद में आत्मविश्वास बढ़ने और पत्नी के साथ शर्म, झिझक दूर होने पर वह अपने को संभोग क्रिया में सक्षम पाता है।

शीघ्रपतन के अनेक कारण होते हैं, उनमें मुख्य रूप से चिंता, भय, आत्मविश्वास की कमी, हीनभावना, मानसिक तनाव, संभोग क्रिया की अज्ञानता, कई दिनों के अंतराल के बाद संभोग करना, पत्नी द्वारा सहयोग न देकर ताने मारना, पौरुष ग्रंथि का प्रदाह, मूत्र नली का प्रदाह और उसका अति संवेदनशील होना आदि होते हैं, लेकिन शीघ्र पतन से घबराने की आवश्यकता नहीं है। स्वाभाविक वीर्यपतन के लिए प्रयत्न करने चाहिए और यह बहुत मुश्किल नहीं है।

चूंकि शीघ्रपतन का संबंध मानसिक अधिक होता है। अतः मन का भय दूर होते ही आमतौर पर यह समस्या दूर हो जाती है। संभोग के पूर्व प्राक्क्रीड़ा के समय अपने पर नियंत्रण रखने का अभ्यास करें और जल्दबाजी से काम न लें। पत्नी को विश्वास में लेकर उसका पूरा सहयोग प्राप्त करें। विपरीत आसन का प्रयोग संभोग क्रिया में करें और पत्नी को सक्रिय भाग लेने दें। अधिक खटाई, तेल, मिर्च से परहेज करें और पौष्टिक आहार लें।

प्रश्न 81 : स्वप्नदोष क्यों होता है? इससे क्या-क्या हानियां होती हैं एवं इससे कैसे बचा जा सकता है?

उत्तर : नींद में अनैच्छिक रूप से वीर्य का निकल जाना स्वप्नदोष कहलाता है। ऐसा होना स्वाभाविक प्रक्रिया है। जब शुक्राशय, प्रोस्टेट और अन्य ग्रंथियों से निकलने वाला स्राव शरीर में आवश्यकता से अधिक जमा हो जाता है और वह संभोग या हस्तमैथुन के द्वारा बाहर नहीं निकाला जाता, तो ऐसे में निद्रावस्था में कामुक दृश्य देखकर या क्रीड़ाएं करके स्वप्न में ही वीर्य बाहर निकल जाता है। अविवाहित युवाओं को स्वप्नदोष अधिक होने का यही मुख्य कारण है। विवाहित युवाओं को स्वप्नदोष की शिकायत बहुत ही कम होती है, क्योंकि उनका वीर्य संभोग क्रिया के जरिए समय-समय पर निकलता रहता है और उनकी कामेच्छा संतुष्ट रहती है।

स्वप्नदोष होने के कारणों में अश्लील वासनात्मक साहित्य पढ़ना, नग्न फोटो, एलबम देखना, अश्लील सिनेमा देखना, सुंदर स्त्री व लड़की को कामुक दृष्टिकोण से देखना, युवतियों के संपर्क में रहना, सौंदर्य प्रसाधनों का अधिक उपयोग करना, ब्रह्मचर्य का पालन न करना, व्यायाम न करना, चटपट, तीखे व मिर्च मसालेदार चीजों का सेवन करना, कब्जियत रहना, पेट में कृमि होना, गैस की तकलीफ, मांस, मछली, अंडा, मदिरापान, तंबाकू, गुटखा, धूम्रपान करना, अप्राकृतिक संभोग करना, अधिक उम्र तक विवाह न करना होते हैं।

नींद के दौरान आने आप वीर्य का स्खलित हो जाना किसी प्रकार का विकार या बीमारी नहीं है। यह तो यौन परिपक्वता के मुख्य लक्षण है।

नीम-हकीम और तथाकथित सेक्स स्पेशलिस्ट इसे विकार या बीमारी बताकर युवकों को भ्रमित करते हैं।

स्वप्नदोष का संबंध यौन उत्तेजक सपनों से होता है, जो यौन परिपक्वता का परिचायक है।

प्रत्येक स्वस्थ पुरुष समय-समय पर इसका अनुभव करता है और इससे स्वास्थ्य पर कोई प्रतिकूल प्रभाव नहीं पड़ता।

यौन विज्ञानी के अनुसार शरीर के अंदर उमड़ घुमड़ रहे यौन तनाव को राहत देने का यह प्राकृतिक निकास है।

स्वप्नदोष पर नियंत्रण पाने के लिए, सबसे पहले जिन कारणों से यह उत्पन्न होता है, उन्हें दूर करने का उपाय करें। कारणों के दूर हो जाने के बाद रोग स्वतः दूर हो जाएगा। बिना कारणों को दूर किए औषधियों का प्रयोग किया जाए, तो पूरा लाभ नहीं मिलेगा। इसके कुछ उपाय निम्न हैं —

- सेक्सी पुस्तकें पढ़ने के बजाय अच्छा साहित्य पढ़ें।

- मन में बुरे विचार एवं कामुक विचारों को आने से रोकें। सोने से पूर्व कामुक कल्पनाएं न करें।

- तामसिक भोजन से बचें। सात्विक भोजन करें व पेट साफ रखें। इसमें कब्ज़ न होने दें। शाम का भोजन सोने के तीन घंटे पूर्व करें। पेट के कृमि, गैस, अपच का उचित इलाज कराएं। तेज मिर्च-मसालों से युक्त भोजन, खटाई, अचार, मांस, मछली, अंडे, शराब के सेवन से परहेज करें। चाय के बजाय दूध पिएं।

- सुबह जल्दी उठकर घूमने जाएं। नियमित व्यायाम और स्नान करें। स्नान के दौरान शिश्न मुंड की पानी से सफाई करें।

- मलमूत्र को कभी भी रोककर न रखें। विद्यार्थी जीवन में ब्रह्मचर्य का पालन करें। अच्छे दोस्तों की संगति करें।

- सादा जीवन और उच्च विचार का सिद्धांत अपनाएं।

- लड़कियों और स्त्रियों के अति निकट आने का प्रयास न करें।

प्रश्न 82 : हस्तमैथुन की लत क्यों पड़ती है और इसके क्या-क्या दुष्परिणाम होते हैं?

उत्तर : पूर्ण सचेतन अवस्था में जब पुरुष जान-बूझकर अपने हाथ से शिश्न को उत्थित कर घर्षण करके वीर्य को निकाल देता है, उस क्रिया को हस्तमैथुन कहते हैं। इसे चिकित्सा विज्ञान में मास्टरबेशन के नाम से जाना जाता है। चूंकि हस्तमैथुन करने से स्नायु उत्तेजित हो जाते हैं, जिससे चरमसुख की अनुभूति होती है, अतः पुरुष इस क्षणिक आनंद की अनुभूति के लिए इस क्रिया को

बार-बार दोहराने लगता है। हस्तमैथुन की लत कई कारणों से पड़ती है, उनमें अश्लील साहित्य पढ़ना, ब्लू फिल्में देखना, स्त्री-पुरुष और पशुओं की संभोग क्रिया देखना, आंतों में कृमि होना, जननेंद्रिय को साफ न रखना, शिश्न पर जमे मैल से खुजली होना, खुजलाने की प्रक्रिया में शिश्न का मर्दन होने से अनायास ही उसमें तनाव आने से हस्तमैथुन की इच्छा जागना प्रमुख होते हैं।

पुरुषों की भांति ही महिलाओं में भी इस बुरी लत के द्वारा कई प्रकार के विकार और हानियां पैदा होती हैं। इस क्रिया से योनि की रगड़ सहने की शक्ति अत्यधिक बढ़ जाने के कारण विवाह के बाद संभोग से पूरी तृप्ति नहीं मिलती। इसके अलावा, पुरुष से सामान्य संभोग में विरक्ति, प्रदर, मानसिक और स्नायविक रोग भी पैदा हो सकते हैं, जो भावी दांपत्य जीवन को कष्टप्रद बना देते हैं।

नियमित हस्तमैथुन करते रहने से आंखों की ज्योति में कमजोरी आ जाती है, चेहरा निस्तेज हो जाता है, आंखें गड्ढे में चली जाती हैं, प्रमेह, नपुंसकता, स्वप्नदोष, बहुमूत्र, शिश्न का छोटा, पतला, शिथिल पड़ना, मानसिक तनाव, आत्महत्या करने की प्रबल इच्छा, उन्माद, शीघ्रपतन, हमेशा सोए रहने का मन होना, लड़कियों और स्त्रियों से बातें करने की हिम्मत न होना, हाथों और पैरों के तलवों में अत्यधिक पसीना आना जैसी तकलीफें भी होने लगती हैं।

प्रश्न 83 : क्या पुरुषों में भी मीनूपाज (Menopause) होता है?

उत्तर : अब वैज्ञानिक खोजों से यह पता चल सका है कि महिलाओं की तरह पुरुषों में भी मीनूपाज की स्थिति आती है। परंतु महिलाओं की तुलना में बहुत ही कम।

महिलाओं में जहां मीनूपाज के लक्षण के रूप में कमर में दर्द, चिड़चिड़ापन, सेक्स के प्रति अनिच्छा जैसी भावनाएं तीव्रतर होती हैं, वहीं पुरुषों में अत्यल्प रूप में। महिलाओं में जहां यह स्थिति 40-45 वर्ष की उम्र में ही शुरू होती है वहीं पुरुषों में 55 के बाद यह स्थिति उत्पन्न होती है। इसमें उन्हें बात-बात पर गुस्सा आना, सुस्ती, किसी चीज में मन न लगना, पलायनवादी प्रवृत्ति, ईश्वर की आराधना में विशेष लगाव, स्त्री सहवास से विरक्ति इत्यादि लक्षण प्रकट होते हैं।

यहां यह बात भी अच्छी तरह समझ लेनी चाहिए कि स्त्रियों में मीनूपाज के समय उनमें 'हारमोनल चेंजेंज' होते हैं और एस्ट्रोजन स्राव का बनना कम हो जाता है। परंतु पुरुषों में इस प्रकार का कोई हारमोनल परिवर्तन नहीं होता है। सिर्फ उनमें मनोवैज्ञानिक या सांवेगिक प्रभाव उत्पन्न होते हैं। संवेगों को क्रास्टेड बिनाइन के नाम से जाना जाता है। पुरुष अंडकोषों से निकलने वाला स्राव टेस्टोस्टीरोन कहलाता है तथा स्त्रियों की डिंब ग्रंथियों से एस्ट्रोजन तथा प्रोजेस्ट्रोन हारमोन्स निकलते हैं। मीनूपाज में इन्हीं का निकलना काफी कम हो जाता है।

प्रश्न 84 : नपुंसकता क्या होती है? क्या एक नपुंसक पति अपनी पत्नी को संतुष्टि प्रदान कर सकता है?

उत्तर : सेक्स वैज्ञानिकों के अनुसार नपुंसक वह व्यक्ति है, जो स्त्री के साथ संभोग नहीं कर सकता। शिश्न में जरा भी उत्तेजना नहीं आती, उसमें तनाव का अभाव होना और किसी भी हालत में संभोग क्रिया संपन्न न कर पाना ही नपुंसकता कहलाती है। इसे अंग्रेजी में इंपोटेंसी कहते हैं। इसका रोगी शिश्नोत्थान न होने के कारण खुद तो सेक्स आनंद से वंचित रहता ही है और अपनी पत्नी को भी वंचित रखता है।

नपुंसकता जन्मजात हो सकती है, जो शारीरिक कारणों से उत्पन्न होती है, जबकि आंशिक नपुंसकता मानसिक और मनोवैज्ञानिक कारणों से पैदा होती है। जन्मजात नपुंसकता में शारीरिक विकृति के कारण शिश्न में उत्तेजना और तनाव का अनुभव नहीं होता। ऐसा नपुंसक व्यक्ति न तो हस्तमैथुन के द्वारा और न ही संभोग क्रिया द्वारा सेक्स सुख का आनंद प्राप्त कर पाता है।

नपुंसकों के लिए स्त्री का भगांकुर महत्त्वपूर्ण अंग होता है। इसके लिए आवश्यक है कि इसे संभोग के दौरान अपनी उंगलियों से मसले, रगड़े और थोड़े बहुत उत्थित शिश्न से इस पर रगड़ करते हुए योनि में प्रवेश कराकर स्त्री के अन्य उत्तेजना पहुंचाने वाले अंग जैसे स्तनों का मर्दन, चुंबन, बाहुपाश में लेना आदि जारी रखे, तो स्त्री को काफी उत्तेजना मिलने से वह चरम सुख पा लेगी और पूरी तरह संतुष्ट हो जाएगी। वह इस आनंद के सुख में भूल जाएगी कि उसके

पति ने शिश्न से संभोग कर पूर्ण आनंद पहुंचाया है या नहीं। इस प्रकार एक नपुंसक पति भी अपनी पत्नी को सेक्स सुख पहुंचाकर संतुष्ट रख सकता है।

प्रश्न 85 : नपुंसकता कैसे दूर की जा सकती है?

उत्तर : नपुंसकता के अधिकांश मामले मनोवैज्ञानिक होते हैं और उनका उपचार भी मनोवैज्ञानिक तरीकों से ही संभव हो पाता है। पीड़ित व्यक्ति के मन में आत्मविश्वास पैदा करने के लिए ताकत की दवाएं दी जा सकती हैं। मन का भय दूर करके, आत्मग्लानि को हटाकर लगभग 90 प्रतिशत तक नपुंसकता दूर की जा सकती है।

मानसिक रूप से नपुंसक पुरुष की पत्नी को चाहिए कि वह पति की इन शब्दों में खूब प्रशंसा करे कि वह संतोषप्रद संभोग करता है, उससे उसे पूरी तृप्ति मिलती है, चरम सुख मिलता है। ऐसे शब्द संभोग के दौरान और अंत में अवश्य कहे। इसका मानसिक प्रभाव पति पर यह पड़ेगा कि वह अपनी कमजोरी भूलकर पूरी तरह खुल जाएगा और पूर्ण शक्ति के साथ संभोग करने लगेगा।

नपुंसक पुरुष को खाने-पीने की खट्टी और ठंडी चीजों से परहेज करना चाहिए। मूंग, मसूर की दाल, बैंगन, लाल मिर्च, तेल, तेल की बनी चीजें, गुड़, मिठाइयां, गरिष्ठ भोजन, तंबाकू का सेवन काफी कम कर देना चाहिए। दूध, दही, घी, मक्खन, ताजे अंडे, भुना हुआ मांस, चपाती, पुलाव, पनीर, सेब, अंगूर, आम, अनार, गाजर, केला, आंवला, बादाम, छुहारे, चिरौंजी, नारियल, पिस्ता, अखरोट, खजूर, तिल, किशमिश, मुनक्का, आलू, प्याज, मूली, लौकी आदि का भरपूर सेवन करना चाहिए।

नपुंसकता दूर करने में निम्न नुसखे कारगर साबित हुए हैं–

- शहद, अदरक का रस, आंवले का रस प्रत्येक एक-एक चम्मच की मात्रा में मिलाकर, सफेद प्याज का रस 2 चम्मच, गाय का घी आधा चम्मच लेकर सबको आपस में मिलाकर सुबह और शाम भोजन के बाद नियमित रूप से सेवन करते रहने से नपुंसकता दूर हो जाती है।

- कौंच के बीज (छिलका रहित) और बड़ा गोक्षुर (गोखरू) बराबर की मात्रा में लेकर मिक्सी में पीस लें। इसमें से एक चम्मच चूर्ण में एक चम्मच शक्कर मिलाकर एक कप दूध के साथ नियमित रूप से सेवन करते रहने से पौरुष शक्ति बढ़ती है।
- असगंध, छोटा गोखरू, आंवला, कौंच के बीज, शतावरी, धारा प्रत्येक 50 ग्राम की मात्रा में तथा 10 ग्राम सोंठ मिक्सी में मिलाकर चूर्ण बना लें। यह चूर्ण सुबह-शाम भोजन के बाद एक चम्मच की मात्रा में प्याज के रस के साथ नियमित रूप से सेवन करने से किसी भी कारण से उत्पन्न नपुंसकता में बहुत लाभ मिलता है।

प्रश्न 86 : यौन रोग कौन-कौन से होते हैं और कैसे फैलते हैं?

उत्तर : यौन या गुप्त रोग एक प्रकार के वायरस द्वारा फैलता है। यह आमतौर पर उन्हीं मर्दों व औरतों को होता है, जो अन्य लोगों के साथ असुरक्षित यौन संबंध रखते हैं।

यौन रोग 27 प्रकार के पाए गए हैं। पहले आमतौर पर हर औरत व मर्द में कोई-न-कोई यौन रोग पाया जाता था, पर अब बढ़ती जागरूकता व यौन संबंधी जानकारी से इन रोगों पर अंकुश लगा है। मुख्य रूप से निम्न यौन रोग पाए जाते हैं:

1. सिफिलिस (Syphilis)
2. गनोरिया (Gonorrhoea)
3. शेंकरोयड (Chancroid)
4. हर्पिस जेनिटॉलिस (Herpes genitalis)
5. लिम्फोग्रेनुलोमा वेनेरियम (Lymphogranuloma Venereum)
6. ग्रेनुलोमा इन्गुनेल (Granuloma Inguinale)
7. कोंडिलोमा (Condyloma)
8. ट्राइकोमोनिआसिस (Trichomoniasis)
9. एड्स (AIDS)।

सेक्स रोग फैलने में आजकल सेक्स उन्मुक्तता का भी सबसे बड़ा हाथ होता

है। समाज में आधुनिकता की आड़ में विवाह पूर्व शारीरिक संबंध बनाने की मान्यताएं भी चल पड़ी हैं। गर्भनिरोधक गोलियां खाकर, लूप लगवाकर, निरोध के इस्तेमाल से आजकल गर्भ रहने का डर समाप्त हो गया है, जिससे व्यभिचार को काफी बढ़ावा मिल रहा है। आधुनिक जीवन में बढ़ती क्लबों की महत्ता, फिल्में, ब्लू फिल्में, नग्न अश्लील साहित्य ये सभी उन्मुक्त सेक्स संबंधों को बढ़ावा दे रहे हैं। ऐसे माहौल में गुप्त रोगों से पीड़ित अविवाहितों को तब तक विवाह नहीं करना चाहिए, जब तक कि वे पूर्ण रूप से रोग मुक्त न हो जाएं।

प्रश्न 87 : सिफिलिस रोग की क्या पहचान होती है?

उत्तर : यह रोग संक्रामक रोग होने के कारण पीड़ित व्यक्ति से संभोग करने से आसानी से हो जाता है। वेश्या, काल गर्ल जैसी स्त्रियां अकसर इस रोग से ग्रस्त पाई जाती हैं। इस रोग के उत्पन्न होने का कारण ट्रेपोनेमा पैलिडम नामक जीवाणु होता है। इसके शरीर में प्रवेश करने और रोग के लक्षण प्रकट होने में 10 से 80 दिनों का समय लग सकता है। ये जीवाणु एक दिन में ही लसिकावाहिनियों में और 3-4 दिनों में सारे शरीर में पहुंच जाते हैं। इसके बावजूद आमतौर पर कोई लक्षण स्पष्ट तौर पर नजर नहीं आते। ऐसे रोग से पीड़ित रोगी के संपर्क में जब कोई स्वस्थ व्यक्ति आ जाता है, तो ये जीवाणु उसके शरीर में पहुंचकर यह रोग उत्पन्न कर देते हैं। यह रोग चुंबन से भी फैल सकता है।

संक्रमण के लगभग एक माह बाद रोग की प्रथमावस्था का लक्षण शिश्न पर लाल रंग के चकत्ते के रूप में दिखाई पड़ता है, जो बाद में धीरे-धीरे बढ़ने लगता है। स्पर्श में कड़ा होने के कारण उसे हार्ड शैंकर कहा जाता है, जिसमें दर्द नहीं होता। पुरुषों में जहां ये चकत्ते शिश्न, शिश्न मुंड के अंदर या बाहर होते हैं, वहीं स्त्रियों में भगोष्ठ की संधि पर, योनि द्वार, गर्भाशय के मुख पर होते हैं। जरा से घर्षण से इन चकत्तों पर घाव बनते देर नहीं लगती।

रोग की दूसरी अवस्था 4 से 6 सप्ताह बाद शुरू होती है, जिसमें जीवाणु व उसका विष सारे शरीर में पहुंच जाता है। दुष्परिणाम स्वरूप संपूर्ण शरीर में

त्वचा पर लाल-लाल चकत्तों का उभार हो जाना, बाद में जख्म बनना, जख्मों में पीड़ा या खुजली न होना, भूख न लगना, पाचन संस्थान की गड़बड़ी, खून की कमी, सिरदर्द, गले में तकलीफ, जोड़ों में सूजन, बुखार आना, मुंह, होंठों, जननांग और मलद्वार के आसपास घाव होना जैसी तकलीफें हो जाती हैं।

रोग की तीसरी अवस्था द्वितीय अवस्था के 3 से 6 वर्ष बाद ही शुरू होती है। उसमें जो घाव होते हैं, वे गम्मा कहलाते हैं। त्वचा, मांस-पेशियां, अंडकोष, हड्डियां तक इससे प्रभावित होने के कारण ये बहुत घातक होते हैं। सारे शरीर के अंग इन घावों के कारण बदरंग होने लगते हैं। इस अवस्था में आंखों की रोशनी भी जा सकती है। बच्चे विकलांग या अंधे पैदा होते हैं। अधिक समय तक रोग का इलाज न कराने पर व्यक्ति नपुंसक भी हो सकता है। रोग बढ़ जाने पर पैरालिसिस, मेरुमज्जा का क्षय, स्नायु दुर्बलता, कैंसर, मिर्गी रोग भी हो सकते हैं। समय पर पूरा इलाज कराने से बीमारी से छुटकारा पाया जा सकता है।

प्रश्न 88 : गनोरिया रोग के क्या-क्या लक्षण होते हैं?

उत्तर : यह रोग सूजाक, सोजाक, पूयमेह, उष्णवात के नाम से भी जाना जाता है। संक्रामक रोग होने के कारण पीड़ित व्यक्ति से संभोग करने से स्वस्थ व्यक्ति को भी हो जाता है। यह रोग सिफिलिस की अपेक्षा अधिक सेक्स रोगियों में पाया जाता है। आजकल यह रोग किशोरों में अधिक होता है। इस रोग के उत्पन्न होने का कारण गोनोकोकस नामक जीवाणु होता है। यह रोग जब लग जाता है, तो इसके लक्षण 2 से 7 दिनों के बीच पैदा हो जाते हैं। रोगी को बार-बार पेशाब जलन के साथ आता है। मूत्र मार्ग में भी जलन की अनुभूति होती है। पेशाब साफ नहीं होती और बूंद-बूंद करके होती है। गुप्तांगों में खुजली होती है और मूत्र मार्ग से पीप जैसा पीला स्राव निकलने लगता है। मूत्रद्वार पेशाब की जलन के कारण लाल हो जाता है और सूज भी जाता है।

पुरुषों की मूत्र नली से यह रोग मूत्राशय और अंडकोष तक फैल जाता है। स्त्रियों के मूत्र मार्ग के बहुत छोटे होने के कारण उनको पुरुषों के समान जलन का अधिक कष्ट नहीं भोगना पड़ता। स्त्रियों की योनि में प्रदाह होकर पीप के समान स्राव निकलता है। मूत्रनली, मूत्राशय और जरायु इस रोग से संक्रमित होते हैं।

इस रोग के रोगी को कभी-कभी हरारत भी महसूस होती है, ठंड लगकर कंपकंपी का अनुभव होता है, सिरदर्द पैदा हो जाती है, रात्रि में शिश्न में अत्यंत कड़ापन आने से नींद में बाधा पहुंचती है। रोग पुराना होने पर पेशाब की तकलीफें तो धीरे-धीरे कम हो जाती हैं, लेकिन पीप का स्राव आना नहीं रुकता और तब यह रोग असाध्य हो जाता है।

प्रश्न 89 : एड्स रोग क्या होता है और कैसे फैलता है?

उत्तर : एड्स (AIDS) का पूरा नाम एक्वायर्ड इम्यून डेफिशिएंसी सिन्ड्रोम (Acquired Immune Deficiency Syndrome) है। जिस वायरस से यह पैदा होता है, उसे ह्यूमन इम्यूनडेफिशिएंसी वायरस (Human Immunede-ficiency Virus) अर्थात् संक्षिप्त रूप से एच. आई. वी. (H.I.V.) कहते हैं।

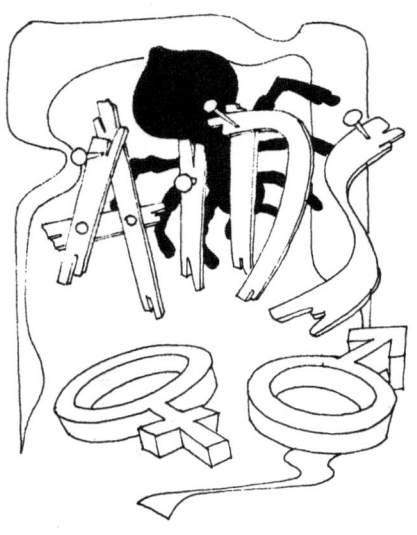

हमारे शरीर में होने वाले जीवाणुओं के संक्रमण से लड़ने के लिए रक्त की सफेद कोशिकाएं (White Blood Cells) तैयार रहती हैं, जो आक्रमण करके उन्हें नष्ट कर देती हैं, जिससे शरीर हानिकारक जीवाणुओं के प्रभाव से सुरक्षित

रह पाता है। शरीर की जीवाणुओं से लड़ने की अपनी इस स्वाभाविक शक्ति को रोग प्रतिरोधक शक्ति (Immunity) के नाम से जाना जाता है। एड्स के वायरस इन सफेद कोशिकाओं को भी क्रियाहीन करके हमारी रोग प्रतिरोधक शक्ति को कम कर देते हैं, जिससे वायरस से लड़ने की शक्ति समाप्त हो जाती है और रोग शरीर में अपना अधिकार जमा लेता है। यही वहज है कि इसे इम्यून डेफिशिएंसी (रोग प्रतिरोधक शक्ति का कम होना) कहते हैं।

एड्स के शुरुआती दौर में यह पहचान पाना कठिन होता है कि एच. आई. वी. शरीर में प्रवेश कर चुके हैं या नहीं, क्योंकि इसके लक्षण 5 से 10 वर्ष के बाद तक उभर सकते हैं। फिर भी डॉक्टरों के मतानुसार बार-बार दस्त लगना, तेज बुखार रहना, शरीर से अधिक पसीना निकलना, अचानक वजन गिरने लगना, गले, जांघों और बगलों की लसिका ग्रंथियों की सूजन से गांठें पड़ना, बार-बार थकान महसूस होना, मुंह में सफेद चकत्तेदार धब्बे उभरना, लगातार खांसी आना, सारे शरीर में खुजली होकर जलन होना, निमोनिया, टी. बी., त्वचा कैंसर जैसी तकलीफें होने लगें, तो एड्स के परीक्षण में देर नहीं करनी चाहिए।

एड्स के वायरस एच. आई. वी. किसी स्वस्थ व्यक्ति के शरीर में मुख्य रूप से संभोग के दौरान वीर्य से, चुंबन के दौरान लार से, रोगग्रस्त व्यक्ति के खून से और नशे के लिए सिराओं में प्रयुक्त एक ही सीरिंज की निडिल के प्रयोग से पहुंच जाते हैं।

प्रश्न 90 : एड्स से अपना बचाव कैसे किया जा सकता है?

उत्तर : आज एड्स दुनिया में सबसे ज्यादा जानलेवा बीमारी बन गई है। यही वजह है कि दुनिया भर के डॉक्टर और चिकित्सा वैज्ञानिक इसके कारगर इलाज के लिए दिन-रात जुटे हुए हैं। वैसे इलाज की अपेक्षा बचाव करना ही सबसे उत्तम इलाज है।

एड्स से बचने के लिए निम्न उपाय किए जाने चाहिए–

- समलैंगिक सेक्स संबंधों और वेश्या से संभोग करने से बचें। पत्नी को छोड़कर पर-स्त्रीगमन की आदत से परहेज करें।

- संभोग के बाद मूत्र त्याग करके गुप्तांगों को स्वच्छ पानी से नियमित साफ करें।
- नशीले इंजेक्शनों को न लगाएं। रोगों में लगने वाले इंजेक्शन को डिस्पोजेबल सिरिंज और निडिल का ही प्रयोग करें।
- होंठों पर घाव, खून का रिसाव हो, तो चुंबन से बचें। क्योंकि इस बीमारी के वायरस लार के माध्यम से आपके खून में पहुंचकर आपको इस रोग से पीड़ित कर सकते हैं।
- सैलूनों में दाढ़ी बनवाते समय उस्तरे की बजाय नई ब्लेड का इस्तेमाल कराएं और एंटीसेप्टिक लोशन का भी इस्तेमाल हर बार करें। दूसरे व्यक्तियों के रेजर, ब्लेड का इस्तेमाल न करें।
- एड्स से ग्रस्त महिलाएं गर्भधारण न करें, क्योंकि यह रोग उनके शिशुओं में भी संक्रमित हो जाता है।
- रक्त को शरीर में पहुंचाने के पहले उसकी एच. आई. वी. मुक्त होने की जांच अवश्य करा लें। जहां तक हो सके, जाने पहचाने, निकट संबंधियों का रक्त ही उपयोग में लें। व्यावसायिक रक्तदाताओं के रक्त को न खरीदें।
- अविवाहित पुरुष को एड्स हो जाए, तो वे विवाह न करें। अन्यथा पत्नी तो इस रोग से पीड़ित होगी ही, साथ ही बच्चों में भी इसका संक्रमण फैलकर सभी का जीवन बर्बाद कर देगा।

ध्यान रखें, एड्स बच्चों की देखभाल करने, उनसे प्यार जताने, एक ही गिलास को धोकर पानी पीने, एक ही कमरे में साथ-साथ रहने, एक ही बाथरूम के इस्तेमाल करने, सार्वजनिक टेलीफोन पर बात करने से नहीं फैलता। अतः अपनी भ्रांत धारणाएं दूर कर लेनी चाहिए।

प्रश्न 91 : गर्भ कैसे ठहरता है?

उत्तर : गर्भस्थिति (Pregnancy) स्त्री-पुरुष के संभोग होने के बाद हुए

वीर्यपात और डिंब प्रणाली से निकले स्वस्थ डिंब की उपस्थिति में, शुक्र कीट के डिंब से हुए मिलन के परिणामस्वरूप उत्पन्न होती है। गर्भाशय में डिंब से मिलने की चाह में आए शुक्र कीट अंदर की ओर आगे बढ़ने लगते हैं। गर्भाशय के प्रवेश द्वार से बहुत ही कम शुक्र कीट (Sperm) अंदर प्रवेश पाने में सफलता पाते हैं और शेष बाहर निकल जाते हैं। संभोग के दौरान स्त्री की जननेंद्रिय ग्रंथियों से जो अम्लीय स्राव होता है, उनमें अधिकांश शुक्र कीट मर जाते हैं। जब शुक्र कीट डिंब से मिल जाता है, तो गर्भाधान (Fertilization) होकर गर्भस्थित हो जाता है।

सुश्रुत संहिता के अनुसार तत्काल गर्भधारण करने वाली स्त्री को थकावट, ग्लानि, प्यास, और योनि का फड़कना जैसे लक्षण महसूस होते हैं। ऐसी अवस्था में स्त्री की चेष्टा मनोहर होकर उसकी लावण्यता बढ़ जाती है। स्त्री की नाभि के नीचे थोड़ा-सा मीठा दर्द भी मालूम पड़ता है।

मासिक धर्म प्रारंभ होने के दिन से 15 दिनों तक का समय ऋतुकाल माना जाता है। चूंकि इन दिनों में गर्भाशय का मुंह खुला रहता है और अंडवाही नलिकाओं का मार्ग भी खुल जाता है, तो ऐसी स्थिति में पुरुष संभोग से वीर्य के शुक्र कीट गर्भाशय में पहुंच जाएं, तो गर्भ की स्थापना हो जाती है। एक बार गर्भ की स्थापना हो जाती है, तो गर्भाशय का मुंह बंद होकर मासिक धर्म बंद हो जाता है। वह तभी खुलता है, जब प्रसव का समय आता है।

प्रश्न 92 : दो बच्चों के बीच कम-से-कम कितना अंतर रखना चाहिए?

उत्तर : दो संतानों के बीच कितना अंतर रखा जाना चाहिए, इसका कोई निश्चित नियम नहीं है। सामान्यतः स्त्री 18 वर्ष की आयु के पहले प्रसव में पूर्ण समर्थ नहीं हो पाती है। इसके अतिरिक्त 30 वर्ष की आयु में प्रथम प्रसव के समय भी काफी कठिनाई उत्पन्न होती है। क्योंकि इस आयु में स्त्री की मांसपेशियों का लचीलापन समाप्त होकर वे काफी कड़ी (सख्त) हो जाती हैं। इस कारण प्रसव में काफी कठिनाई उत्पन्न होती है। अतएव निष्कर्ष यह निकलता

है कि स्त्री को 18 वर्ष तथा 28 वर्ष के बीच में गर्भ धारण करना उत्तम रहेगा। अब बच्चों के बीच कम-से-कम तीन वर्ष का अंतर रखना ठीक रहता है। इसके कारण निम्न हैं—

1. यदि संतान जल्दी-जल्दी हों, तो स्त्री का स्वास्थ्य बिगड़ने की काफी आशंका रहती है। स्त्री के गर्भाशय में संक्रमण होने का खतरा भी बना रहेगा।

2. प्रसव में अंतराल कम होने से स्त्री में कैल्शियम, आयरन, फोलिक एसिड सहित तमाम विटामिनों की कमी होने से उसका स्वास्थ्य ठीक नहीं रहता है।

3. जल्दी-जल्दी संतान होने से स्त्री में दूध पूरा नहीं उतर पाता है, जिसमें शिशुओं को बीमारी से बचाने के तत्त्व विद्यमान होते हैं, जिसे बच्चे को कम-से-कम 6 माह तक पिलाना आवश्यक होता है।

प्रश्न 93 : प्रसव की संभावित तिथि कैसे ज्ञात की जाती है?

उत्तर : आमतौर पर प्रसव की निश्चित तारीख की गारंटी के साथ बताना संभव नहीं होता, क्योंकि कभी-कभी तो गर्भ मासिक धर्म बंद हाने के दूसरे ही दिन ठहर जाता है और कभी-कभी 10-15 दिनों के अंदर गर्भस्थिति हो पाती है। ऐसे में गर्भाधान से 270 से 300 दिनों के बीच संतान उत्पन्न हो सकती है। किसी-किसी को 9, 10 और 11 महीनों में भी प्रसव होता है।

सामान्यतया प्रसव की संभावित तिथि की गणना अंतिम मासिक धर्म के आरंभ होने की तिथि से 280 दिन को मानकर की जाती है। यही कारण है कि गर्भवती से अंतिम मासिक धर्म आने की तिथि पूछी जाती है। आप स्वयं इस प्रकार 280 दिन जोड़कर कैलेंडर में संभावित तिथि ज्ञात कर सकते हैं। स्त्री रोग विशेषज्ञों की टेबल पर तिथि अनुसार संभावित प्रसव की तिथि निकालने का एक चार्ट बना होता है, जिसे एक नजर में देखकर तत्काल तिथि बताई जा सकती है। लेकिन ध्यान रखें कि इस प्रकार से बताई गई तिथि पर पूर्णतया निर्भर न रहें। प्रसव 10-15 दिन पूर्व या बाद में भी हो सकता है।

प्रश्न 94 : संभोग से गर्भ न ठहरे, इसके लिए मासिक धर्म के सुरक्षित काल का निर्णय कैसे किया जाता है?

उत्तर : स्त्री के एक मासिक से लेकर दूसरे मासिक धर्म के शुरू होने तक के समय को 'ऋतुचक्र' कहा जाता है। आमतौर पर यह 28 दिनों का होता है, लेकिन स्त्रियों की मानसिक और शारीरिक स्थितियों की विभिन्नता के कारण यह समय कम या ज्यादा हो सकता है। जिन्हें गर्भधारण करने में रुचि होती है, उन्हें मासिक धर्म आरंभ होने के 12वें दिन से लेकर 16वें तक डिंब के पके होकर गर्भाशय में रहने की स्थिति में संभोग करना चाहिए। इसके विपरीत जिनकी रुचि गर्भधारण में न हो, उन्हें 12वें से 16वें दिन तक और शुक्रकीट (Sperm) के दो दिन और डिंब के एक दिन यानी तीन दिन तक जीवित रहने के कारण, कुल 8 दिन संभोग नहीं करना चाहिए। वचे शेष दिनों में संभोग करने से गर्भाधान की संभावना नहीं रहती। इसी समय को सुरक्षित काल कहते हैं।

यद्यपि सुरक्षित काल वाली परिवार नियोजन की यह विधि सिद्धांत रूप से सही है, लेकिन किस स्त्री में कब डिंब मोचन हो जाएगा, इसका पता लगाना अत्यंत कठिन है। यही वजह है कि सुरक्षित काल के संभोग को परिवार नियोजन का निश्चित उपाय नहीं माना जा सकता है। कभी-कभी किसी स्त्री को सुरक्षित काल में किए गए संभोग से भी गर्भ ठहर जाता है। यहां तक कि मासिक धर्म के दिनों में किए गए संभोग से भी इसके उदाहरण मिले हैं।

प्रश्न 95 : गर्भवती की इच्छा का प्रभाव संतान पर किस प्रकार पड़ता है?

उत्तर : गर्भवती को प्रभावित करने वाले अनेक मानसिक प्रभावों का असर गर्भस्थ शिशु पर देखा गया है। शिशु पर गर्भावस्था में पड़े अच्छे वे बुरे प्रभावों का असर उसके व्यक्तित्व पर आजीवन प्रतिबिंबित होते हैं। अगर गर्भकाल में मां, शांत, मधुर व्यवहार और रचनात्मक प्रवृत्ति की होगी, तो उसका होने

वाला शिशु भी शांत, सरल, मधुर व्यवहार व रचनात्मक प्रवृत्ति वाला होगा। इसके विपरीत गर्भवती यदि निराशाजनक व विषादयुक्त जीवन व्यतीत करेगी, तो संतान भीरु व निरुत्साहित होगी।

अब वैज्ञानिक भी मानने लगे हैं कि गर्भस्थ शिशु में भी सुनने, समझने और पहचानने की क्षमता होती है। हमारे परिवारों में गर्भधारण से लेकर शिशु जन्म तक शिक्षाप्रद, धार्मिक ग्रंथों को पढ़ने, सुनने के निर्देश दिए गए हैं। गर्भवती के सोने के कमरे में स्वस्थ, सुंदर बच्चों की तस्वीरें, आकर्षक दृश्य दर्शाने वाली तस्वीरें, मन में प्रसन्नता, खुशी उत्पन्न करने वाली फूलों की तस्वीरें लगाई जाती हैं। इन सबका प्रभाव गर्भस्थ शिशु पर पड़ता है।

गर्भावस्था में स्त्री की इच्छा के अनुसार संतान पर अच्छा और बुरा दोनों ही प्रभाव देखने को मिलता है। संभोग की तीव्र इच्छा बनी रहने पर निर्लज्ज, देवी-देवताओं के दर्शन की इच्छा रहने पर धर्मशील, बगीचे में सैर करने की इच्छा हो तो प्रसन्नचित्त, लिखने-पढ़ने की इच्छा हो तो गुणी, विद्वान, स्नेही लोगों से मिलने की इच्छा से मिलनसार, श्रृंगार करने, नए-नए वस्त्र आभूषण पहनने की इच्छा होने पर शौकीन, उत्तम फलों को खाने की इच्छा हो तो शुद्ध, सात्विक भोजन करने वाली, पराये धन को हड़पने की इच्छा हो, तो ईर्ष्या वाली, धन संग्रह करने की इच्छा होने पर कंजूस, नाच-गाने की इच्छा हो, तो रसिक और संगीत प्रिय, खेलने की इच्छा हो तो खिलाड़ी, पर पुरुष से संभोग की इच्छा हो, तो बदचलन, कुकर्मी, चरित्रहीन, खाने के लिए इच्छित पदार्थ मिलते रहें, तो चिरंजीवी, पराक्रमी और उत्तम, मनमाफिक खाने के पदार्थ न मिलें तो बौना, कुबड़ा, पागल, मूर्ख और नेत्र विकार वाली संतान उत्पन्न होती है।

प्रश्न 96 : पुत्र-पुत्री का जन्म कैसे होता है और गर्भ में पुत्र या पुत्री का पता कैसे लगाया जाता है?

उत्तर : 'लड़का ही होगा', 'पुत्र ऐसे प्राप्त करें' जैसे लुभाऊ विज्ञापन केवल भोली-भाली जनता को छलने के लिए ही किए जाते हैं। वास्तव में इनका कोई वैज्ञानिक कारण नहीं होता है। केवल कुछ लक्षणों के आधार पर हम

अनुमान ही लगा सकते हैं। इसमें गारंटी जैसी कोई चीज़ नहीं है। सुश्रुत संहिता में लिखा है कि वीर्य के अधिक होने से पुत्र होता है और रज की अधिकता होने से पुत्री का जन्म होता है। इसी प्रकार शुक्र व रज की समानता से नपुंसक संतान उत्पन्न होती है।

मनु ने पुत्र-पुत्री प्राप्त करने के लिए संभोग करने के नियम बनाए हैं, जिसके अनुसार युग्म अर्थात 4, 6, 8, 10, 12 और 16वीं रात्रि में संभोग से पुत्र उत्पन्न होते हैं और अयुग्म 3, 5, 7, 9, 11, 13, और 15वीं रात्रियों में संभोग करने से पुत्री पैदा होती है। अतः इच्छानुसार संतान प्राप्ति के लिए मासिक धर्म के प्रारंभ होने वाले दिन से गणना करके युग्म और अयुग्म रात्रि में संभोग करना चाहिए। जो दंपत्ति सम-विषम की संधियों में संभोग करते हैं, उनकी संतान नपुंसक होती है।

वैज्ञानिक मतानुसार स्त्री के सभी डिंब में एक्स (x) क्रोमोसोम्स होते हैं, जो केवल लड़की पैदा करने की क्षमता रखते हैं, इसलिए स्त्री केवल स्त्री की ही जननी होती है, पुरुष की नहीं। पुरुष के शुक्र कीट में स्थित क्रोमोसोम्स दो प्रकार के होते हैं—एक्स (x) और वाई (y)। शुक्र कीट के एक्स क्रोमोसोम्स तथा डिंब के एक्स क्रोमोसोम्स आपस में मिलकर पुत्री पैदा करते हैं, जबकि पुरुष के शुक्र कीट स्थित वाई क्रोमोसोम्स और स्त्री के डिंब स्थित एक्स क्रोमोसोम्स आपस में मिलकर पुत्र पैदा करते हैं। प्रत्येक क्रोमोसोम्स में 46 की संख्या में जीन्स होते हैं। इन जीनों में से कुछ प्रभावी गुण वाले होते हैं और कुछ अप्रभावी। प्रभावी गुण वे गुण होते हैं, जिनके लक्षण माता-पिता से शिशु में प्रकट होते हैं। माता के 23 जीन और 23 जीन पिता के मिलकर पूर्ण क्रोमोसोम 46 जीन के बनकर विकास प्रारंभ कर संतान का रूप ग्रहण करते हैं।

गर्भ में पुत्र या पुत्री का पता लगाने के लिए सुश्रुत संहिता में बताया गया है कि जिस गर्भवती स्त्री को पहले दाहिने स्तन में दूध उत्पन्न हो, दाहिनी आंख बड़ी हो, पुलिंग नाम की वस्तुएं जैसे अनार, आम, अमरूद आदि अच्छे लगें, स्वप्न में पुरुषवाची द्रव्यों का दर्शन हो, तो पुत्र जन्म की संभावना होती है और इसके विपरीत लक्षणों के होने पर पुत्री का निर्णय करना चाहिए।

आजकल अल्ट्रासाउंड परीक्षण से भी गर्भाशय में बच्चे के सेक्स का पता लगाया जाने लगा है।

प्रश्न 97 : जुड़वां संतानें कैसे जन्म लेती हैं?

उत्तर : गर्भधारण की क्रिया के बाद किन्हीं कारणों से डिंब दो भागों में बंट जाता है और फिर स्वतंत्र रूप से बढ़कर दो शिशुओं का निर्माण प्रारंभ हो जाता है। इस प्रकार एक साथ दो शिशुओं का जन्म होता है। ये शिशु रूप, रंग और आकार में प्रायः एक जैसे होने के कारण इनकी शक्ल और गुण मिलते-जुलते होते हैं। इसके विपरीत कभी-कभी स्त्री के दो डिंब निकल आते हैं, जिननें अलग-अलग शुक्र कीट प्रवेश कर गर्भधारण की प्रक्रिया शुरू कर अपना-अपना विकास प्रारंभ कर देते हैं। इस कारण से भी स्त्री एक साथ जुड़वां बच्चों को जन्म देती है। लेकिन इस प्रक्रिया से उत्पन्न बच्चे रूप, रंग और आकार में एक-दूसरे से भिन्न होते हैं और दोनों का लिंग एक-सा या भिन्न-भिन्न भी हो सकता है, यानी जुड़वां लड़के या लड़कियां या फिर एक लड़का तो दूसरी लड़की।

प्रश्न 98 : प्रसव के सही और झूठे दर्द की पहचान कैसे की जाती है?

उत्तर : गर्भावस्था के पूरे दिनों में अकसर प्रसव होने के संकेत बतौर झूठे दर्द उठते रहते हैं, जो असली नहीं होते, बल्कि असली जैसे लगते हैं। ऐसे में असली और नकली प्रसव दर्द की पहचान होना जरूरी होता है, ताकि समय पर चिकित्सालय ले जाया जा सके।

असली प्रसव वेदना में दर्द धीरे-धीरे बढ़ना शुरू होता है, रुकता है और फिर गायब हो जाता है। यह दर्द नियमित रूप से 5, 10, या 30 मिनट के अंतर से उठते रहते हैं। हर बार का दर्द पूर्व के दर्द से अधिक होता है। दर्द गर्भवती की कमर से शुरू होकर पैर की तरफ और सामने पेट के चारों ओर फैलने लगता है। प्रत्येक बार के दर्द के साथ गर्भाशय का मुख खुलता है, सिकुड़ता

है और गर्भाशय के अंदर की पानी से भरी बच्चे वाली थैली तनती चली जाती है तथा बाहर की ओर आने लगती है। पेट का झूलना, रस रक्त (Show) का निकलना, गर्भाशय की गर्दन का नर्म होना और ऊपर उठकर मिल जाना तथा शौच होने पर दर्द बढ़ना ये सब लक्षण असली प्रसव के दर्द में मिलते हैं।

नकली प्रसव वेदना में दर्द के आने, ठहरने और जाने में कोई निश्चित नियम नहीं होता। दर्द क्रमशः नहीं बढ़ता, बल्कि कभी बढ़ता है और कभी कम हो जाता है। कभी लंबे समय तक बना रहता है। दर्द कमर से शुरू न होकर पेट में ही घूमकर सीमित रह जाता है। गर्भाशय का मुंह नहीं खुलता और न ही वह सिकुड़ता है। गर्भाशय की गर्दन में कोई परिवर्तन नहीं होता और शौच होने पर नकली प्रसव वेदना शांत हो जाती है।

प्रश्न 99 : सिजेरियन ऑपरेशन में क्या होता है और आजकल इसका प्रचलन क्यों बढ़ गया है?

उत्तर : सिजेरियन शब्द रोमन भाषा से लिया गया है, जहां सदियों पहले 'लैक्स सीजेरिया' कानून था, जिसके अनुसार शिशु और मां की जान बचाने के लिए गर्भवती स्त्री के पेट का ऑपरेशन किया जाता है। सामान्य प्रसव में शिशु का जन्म योनिद्वार से होता है, जिसमें शिशु का सिर एक बार बाहर आने पर शेष शरीर जल्दी और आसानी से बाहर आ जाता है, जबकि सिजेरियन ऑपरेशन स्त्री को बेहोश करके किया जाता है।

आजकल सिजेरियन द्वारा शिशु का जन्म प्रचलन काफी बढ़ गया है। लगभग 15 से 25 प्रतिशत तक गर्भवती स्त्रियों के प्रसव अब सिजेरियन से होने लगे हैं।

आजकल प्राइवेट अस्पतालों और नर्सिंग होम्स में अच्छी और सुरक्षित बेहोश करने की विधि, कारगर एंटीबायोटिक और रक्तदान की सुविधा होने की वजह से सिजेरियन ऑपरेशन अत्यंत सरल और सुरक्षित हो गया है। इसके अतिरिक्त इससे न केवल स्त्री को प्रसव वेदना की पीड़ा से छुटकारा मिलता है, बल्कि प्रसूति के इंतजार में गुजरने वाले घंटों व्यर्थ जाने से बच जाते हैं और प्रसूति पश्चात् होने वाली थकान से भी स्त्री दूर रहती है। इस विधि के प्रचलन से

शिशुओं को असमय काल कवलित होने से बचाया जा सकता है।

सिजेरियन आपरेशन आपातकालीन परिस्थितियों में किया जाता है, इसके अतिरिक्त प्रायोजित आपरेशन तब किया जाता है, जब संभावित खतरों के कारण सामान्य प्रसूति संभव नहीं हो सकती या फिर उसमें कठिनाइयां आने की पूर्ण संभावनाएं होती हैं।

प्रश्न 100 : गर्भपात क्यों होता है और इसका बचाव कैसे किया जा सकता है?

उत्तर : 90 दिनों तक या इससे पहले गर्भाशय से यदि गर्भ बाहर आ जाए, तो उसे गर्भपात कहते हैं। चिकित्सा शास्त्रानुसार यदि पहले तीन महीनों में ही गर्भाशय से गर्भ बह जाए, तो उसे गर्भस्राव (Miscarriage) और दूसरे तीन महीनों तक, यानी 6 माह में गर्भ बाहर आ जाए, तो उसे गर्भपात (Abortion) कहते हैं। अतिरिक्त तिमाही यानी 9 महीने के पूर्व गर्भ के बाहर निकलने को अकाल प्रसव (Premature birth) कहते हैं। जिस स्त्री को 3 या उससे अधिक बार गर्भपात हो जाता है, उसे आदतन गर्भपात (Habitual abortion) कहते हैं।

गर्भपात होने के अनेक कारण होते हैं, उनमें मुख्य रूप से स्त्री का 16 वर्ष से कम की उम्र होना और पुरुष की 25 वर्ष से कम की उम्र में संभोग करना, दौड़ धूप करना, रस्सी कूदना, खेलकूद में सक्रियता से भाग लेना, उछलना-कूदना, गर्भावस्था में कमर कसकर कपड़े पहनना, संभोग की अधिकता, अत्यधिक व्यायाम या शारीरिक श्रम करना, भारी चीजें उठाना, ऊंचाई पर चढ़ने की कोशिश में गिरना, तेज प्रकृति की ऐलोपैथिक, आयुर्वेदिक दवाइयां खाना, पेट पर कहीं चोट लगना, ऊबड़-खाबड़ रास्ते पर यात्रा करना, रात में अधिक जागना और दिन में अधिक सोना, अधिक गर्मी, धूप और आग के संपर्क में आना, क्रोध, चिंता, भय, शोक जैसे मानसिक तनाव पहुंचाने वाले कारण, पोषक पदार्थों का सेवन न करना, गर्भाशय की विकृतियां, अधिक उपवास करना, अरुचिकर गंधों को सूंघना, शराब जैसे मादक द्रव्यों का अधिक सेवन, तेज विरेचक औषधि

का कब्जियत दूर करने के लिए किया गया सेवन, हृदय और रक्त के रोग आदि होते हैं।

गर्भपात होने के पूर्व पीठ, कमर, गर्भाशय, कूल्हे और उदर प्रदेश में पीड़ा होने लगती है और योनि मार्ग से रक्त भी आने लगता है। कहा गया है कि चिकित्सा से बेहतर बचाव करना होता है। यदि गर्भपात की आशंका हो तो

- स्त्री को पूर्ण आराम करने दें व उसे हिलने-डुलने न दें।
- उस पर शारीरिक और मानसिक भार न पड़ने दें।
- पैरों के नीचे तकिया लगाकर ऊंचा रखें और तब तक ऐसी अवस्था में रखें, जब तक रक्तस्राव बंद न हो जाए।
- रक्तस्राव बंद हो जाने के बाद ही आराम से उठें।
- भोजन हलका, सुपाच्य और शीतल दें। योनि और पेडू पर बर्फ से भीगा कपड़ा या बर्फ के पानी की थैली रखें।
- चाय, कॉफी जैसे उत्तेजक पदार्थ सेवन न करने दें।
- डॉक्टर की सहायता प्राप्त कर गर्भपात होने से बचाने का पूरा प्रयत्न करें।

प्रश्न 101 : क्या संतान पैदा न कर सकने के लिए पति और पत्नी समान रूप से दोषी हो सकते हैं?

उत्तर : विवाह के कई वर्ष गुजर जाने के बाद भी जब स्त्री को संतान नहीं होती, तो उसे बांझ समझकर सारा दोष उसके सिर मढ़ दिया जाता है, जबकि अनेक बार इसमें उसका कोई दोष नहीं होता। संतानोत्पादन की असमर्थता को चिकित्साशास्त्र में बंध्यत्व, बांझपन (Sterility) कहा जाता है। बांझपन पुरुष या स्त्री में से किसी एक या दोनों के कारण हो सकता है। अब यह सिद्ध हो चुका है कि संतान उत्पन्न न होने के लिए सिर्फ स्त्री ही दोषी नहीं होती, बल्कि 10 से 12 प्रतिशत मामले में पुरुष भी दोषी होते हैं।

यह आवश्यक नहीं कि जो पुरुष शरीर से हृष्ट-पुष्ट हो और उसकी संभोग सामर्थ्य भी ठीक हो, वह संतान अवश्य उत्पन्न कर सकता है। ऐसे पुरुष भी

शुक्राणुजनन शक्ति के अभाव में स्त्री को गर्भधारण नहीं करा पाते हैं। संतानोत्पादन के लिए वीर्य में केवल शुक्राणुओं की उपस्थिति मात्र होना ही पर्याप्त नहीं होता, बल्कि उनका सक्रिय होना, उचित संख्या में स्वस्थ, गतियुक्त और शक्तिशाली होना भी आवश्यक होता है।

कभी-कभी देखने में आता है कि पुरुष के वीर्य में शुक्राणु बिलकुल ही नहीं होते, उसे अशुक्राणुता (Azoo Spermia) कहते हैं और जब शुक्राणुओं में गति का अभाव होता है, तो उसे मृत शुक्राणुता कहते हैं। उपरोक्त तीनों ही परिस्थितियों में बांझपन उत्पन्न होता है। चिकित्सा कराने पर अशुक्राणुता में सफलता नहीं मिलती, जबकि अल्प शुक्राणुता और मृत शुक्राणुता में प्रायः सफलता मिल जाती है।

पुरुषों में बांझपन के अनेक कारण होते हैं, जिनमें मुख्य रूप से शुक्रवाहिनी नलिकाओं का अवरोध, वीर्य की अनुपस्थिति, वीर्य में शुक्रकीट का अभाव, और गतिहीनता, शुक्र ग्रंथियों का अभाव, टेस्टोस्टेरोन हार्मोन का अभाव, वृषणों पर एक्स-रे किरणों के दुष्प्रभाव, पीयूष ग्रंथि (Pitutury gland) और थायराइड (Thyroid) ग्रंथियों की विकृतियां, उपांड ग्रंथि (Epididymis) की अनुपस्थिति, संभोग की अधिकता, मधुमेहजन्य नपुंसकता, शीघ्रपतन की तकलीफ, अत्यधिक श्रम करना, पौष्टिक भोजन का अभाव, अधिक चिंता, शोक, भय आदि से उत्पन्न मानसिक तनाव, गर्म स्थान के सामने बैठकर अधिक समय तक काम करना, अत्यधिक हस्तमैथुन करना, अधिक मादक व नशीले पदार्थों का सेवन भी है।

महिलाओं में बांझपन के अनेक कारण होते हैं, जिनमें मुख्य रूप से जननांगों की विकृतियां, योनि और गर्भाशय ग्रीवा का अत्यंत छोटा होना, डिंबवाहिनी में अवरोध, डिंब ग्रंथि में शोथ, डिंबाशय का स्वस्थ न होना, योनि रस का अम्लीय होना, गर्भाशय का कमजोर और अविकसित होना, गर्भाशय का अपने स्थान से टलना, शारीरिक दुर्बलता, मासिक धर्म की गड़बड़ी, प्रदर रोग, शरीर में चर्बी की अधिकता, रजोलोप, योनिशोथ आदि होते हैं।

प्रश्न 102 : कृत्रिम गर्भाधान क्या होता है और कैसे किया जाता है?

उत्तर : बिना संभोग किए स्त्री शरीर में गर्भधारण कराने की वैज्ञानिक पद्धति को कृत्रिम गर्भाधान कहते हैं। मवेशियों में स्वस्थ, बलिष्ठ पशु उत्पन्न करने के लिए कृत्रिम गर्भाधान कराने की प्रक्रिया काफी सफलतापूर्वक अपनाई जाती है, जिसके परिणाम काफी उत्साहवर्द्धक आते हैं।

वे पत्नियां जो गर्भधारण करने में असमर्थ हैं, ऐसे पुरुष के शुक्राणु व स्त्री के अंडाणु का शरीर से बाहर टेस्ट ट्यूब में संयोग कराकर भ्रूण को किसी ऐसी स्त्री के गर्भाशय में 9 महीने पूर्ण अवधि तक रखा जाता है, जो गर्भधारण करने में सक्षम हैं। जिस स्त्री के गर्भाशय में भ्रूण रखा जाता है, उस स्त्री के गर्भाशय को 'किराए की कोख' माना जाता है।

कृत्रिम गर्भाधान के लिए वड़े-बड़े शहरों में वीर्य बैंक की स्थापना की जाने लगी है, जिसमें वीर्यदाता का वंश, इतिहास, पारिवारिक शिक्षा, संस्कार, परंपरा, रुचि, रक्त का ग्रुप, शरीर और बालों का रंग आदि की जानकारी लिखी होती है। उसी प्रकार जिस स्त्री पर कृत्रिम गर्भाधान पद्धति लागू होगी, उसके पति की वंश परंपरा, जाति, शिक्षा-दीक्षा, रुचि, संस्कार, शरीर और बालों का रंग, पारिवारिक विशेषता, स्वास्थ्य और मानसिकता आदि का भी ध्यान रखा जाता है।

कृत्रिम गर्भाधान में वीर्य को वैज्ञानिक पद्धति द्वारा संतान की इच्छुक स्त्री के गर्भाशय में सिरिंज के माध्यम से पहुंचा दिया जाता है। इस प्रकार की प्रक्रिया स्त्री के डिंब विमोचन के समय का हिसाब लगाकर लगातार 2-3 दिन और आवश्यक होने पर पूरे एक सप्ताह तक प्रतिदिन अपनाई जाती है। 2-3 माह तक हर बार डिंब विमोचन का हिसाब लगाकर वीर्य को गर्भाशय में आवश्यकतानुसार पहुंचाया जाता है और गर्भधारण के लक्षण प्रकट होने पर यह प्रक्रिया बंद कर दी जाती है।

प्रश्न 103 : विभिन्न गर्भ निरोधक के क्या-क्या लाभ मिलते हैं?

उत्तर : आजकल गर्भ निरोध के तरह-तरह के व नए-नए साधन सर्वसुलभ हैं।

अपनी पसंद और जरूरत के हिसाब से गर्भ निरोधक तरीकों को अपनाया जा सकता है, लेकिन किस गर्भ निरोधक से क्या-क्या लाभ और नुकसान हैं और कौन-सा साधन कब उपयुक्त होगा और कब नहीं? इन सब बातों की जानकारी आमतौर पर हर एक को नहीं होती। इसीलिए यहां इन्हें बताया जा रहा है

● आदर्श गर्भ निरोधक उपाय वही होता है, जो सर्व सुलभ, उपयोग में आसान, अधिक खर्चीला न हो, सुरक्षित और प्रभावशाली हो, और जिसके दुष्परिणाम कम से कम हों।

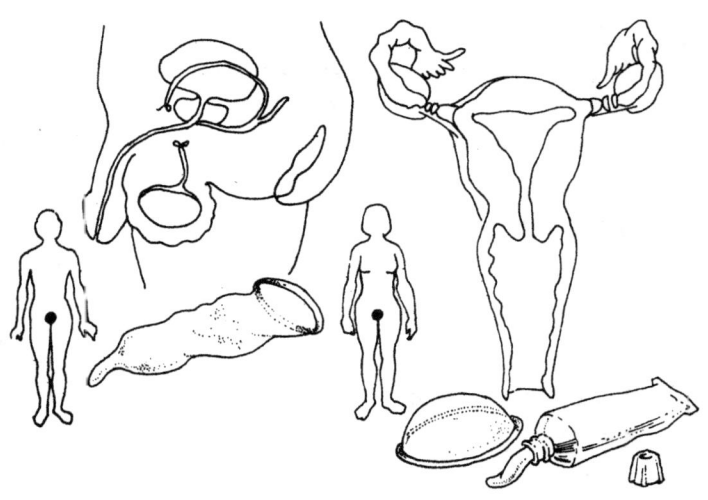

● गर्भ निरोधक स्थायी और अस्थायी दो प्रकार के होते हैं। जिनके परिवार में इच्छित संतानें हो चुकी हों, उनके लिए स्थायी गर्भ निरोधक साधन अपनाना उपयुक्त होता है, जबकि अस्थायी गर्भ निरोधक गर्भधारण को स्थगित करने या दो बच्चों के बीच अंतर रखने के लिए अपनाए जाते हैं।

स्थायी गर्भ निरोधक के साधनों में पुरुष में किए गए आपरेशन को पुरुष नसबंदी और स्त्री में किए गए आपरेशन को स्त्री बंध्याकरण

अथवा साल्पिंजेक्टोमी तथा दूरबीन पद्धति द्वारा आपरेशन होते हैं। इनसे लाभ यह होता है कि गर्भ निरोध की शत-प्रतिशत गारंटी मिल जाती है। ये आपरेशन सरकारी अस्पतालों में मुफ्त में किए जाते हैं। गर्भधारण करने का भय न होने के कारण निश्चिंत मन से किया गया संभोग अधिक आनंददायक, तृप्तिकारक होता है और शुक्राणुओं के नष्ट न होने से शरीर में शक्ति का संचार होता है। कामेच्छा, कामशक्ति में कोई कमी नहीं आती, बल्कि वह बढ़ जाती है। सेक्स अंगों और शरीर के किसी तंत्र को भी कोई नुकसान नहीं होता है।

- अस्थायी गर्भ निरोधक के साधनों में पुरुष के लिए एक मात्र सहारा कंडोम है, जो लेटेक्स शीथ का बना होता है। इसका इस्तेमाल सबसे आसान है। इसको किसी डाक्टरी परीक्षण की जरूरत नहीं होती और इसे आसानी से अपने साथ रखा जा सकता है। यह गर्भ निरोध का विश्वस्त और सबसे सस्ता साधन है। मासिक धर्म में और सेक्स रोगों के बचाव में यह अत्यंत सुरक्षित उपाय है। इसमें किसी प्रकार की शारीरिक हानि नहीं होती और स्त्री-पुरुष दोनों को संभोग का पूरा आनंद मिलता है।
- स्त्री के लिए अस्थायी गर्भ निरोधक साधन अनेक प्रकार के उपलब्ध हैं। सबसे अधिक लोकप्रिय साधन लूप, यानी इंट्रायूटराइन कॉन्ट्रासेप्टिव डिवाइस (आई यू सी डी) एक कोमल डबल एस (S) के आकार की प्लास्टिक से बनी वस्तु है, जिसे स्त्री के गर्भाशय में फिट कर दिया जाता है। कॉपर लगी हुई ट्यूब को 'कॉपर टी' कहते हैं, जो 98 प्रतिशत प्रभावी मानी जाती है। इसके उपयोग से पांच वर्षों तक गर्भ निरोध होता रहता है। संभोग के समय इसकी उपस्थिति का अहसास भी नहीं होता। यह एक सरल तथा सुरक्षित विधि है। चाहे जब इसे बाहर निकलवा कर गर्भ धारण किया जा सकता है।

उपरोक्त उपायों के अलावा स्त्री गर्भ निरोध के लिए गर्भ निरोधक गोलियां नियमित सेवन कर, सुरक्षाकाल विधि अनुसार ही संभोग करवाकर जैली, क्रीम, पेस्ट का योनि में प्रयोग करके, योनि प्रक्षालन (Douche) द्वारा, विभिन्न प्रकार

की पैसरी या डायफ्राम (Douch Pessary or Diphragm) प्रयोग कर गर्भधारण से बच सकती हैं।

प्रश्न 104 : क्या पुरुष नसबंदी कराने के बाद संभोग करने में अक्षम हो जाता है?

उत्तर : पुरुष नसबंदी आपरेशन के बारे में आम लोगों में यह भ्रांत धारणा फैली हुइ है कि इससे संभोग शक्ति में कमी आ जाती है, जिसके कारण बहुत से पुरुष अपना आपरेशन न कराकर अपनी पत्नी का नसबंदी आपरेशन करवा देते हैं। यह डर बिलकुल निराधार है कि नसबंदी आपरेशन करा लेने के बाद पुरुष 'नामर्द' हो जाता है, बल्कि भविष्य में संतानोत्पत्ति का खतरा खत्म हो जाने से मन में निश्चिंतता से संभोग करने की प्रेरणा मिलती है। इससे तो पौरुष बल बढ़ जाता है।

संभोग का नियंत्रण मानसिक होता है। यदि मन से दृढ़ होकर, आत्मविश्वास के साथ संभोग किया जाए, तो कोई कारण नहीं कि सेक्स संबंध अधिक निश्चिंत और सहज हो जाए, बल्कि सेक्स सुख और संभोग शक्ति भी बढ़ जाए। सेक्स विशेपज्ञों का तो यहां तक कहना है कि नसबंदी आपरेशन कराने के बाद पुरुष में शीघ्रपतन की शिकायत धीरे-धीरे दूर हो जाती है। शिश्न में तनाव बढ़ता है और उसमें सुदृढ़ता आती है।

इस आपरेशन में पुरुष की सेक्स ग्रंथियों को बिलकुल भी छेड़ा नहीं जाता, अतः सेक्स शक्ति पर इसका कोई दुष्प्रभाव नहीं पड़ता। केवल पूर्वाग्रह के कारण किसी-किसी पुरुष को मनोवैज्ञानिक कारणों से ऐसा लगने लगता है कि उसमें सेक्स शक्ति पहले की अपेक्षा कम हो गई है। ऐसे पुरुष को सेक्स रोग विशेषज्ञ से मिलकर अपने संदेह दूर कर लेने चाहिए।

पुरुष नसबंदी से सेक्स तृप्ति और आनंद की अनुभूति में भी कोई अंतर नहीं पड़ता। संभोग करने पर वीर्य स्खलन पहले की तरह ही होता है, लेकिन इस वीर्य में शुक्राणु नहीं होते। शुक्राणु वाहिनियों के बंद हो जाने के कारण वे व्यर्थ बाहर जाकर नष्ट नहीं होते, बल्कि शरीर में ही घुलकर रह जाते हैं, जिसस

पुरुष का स्वास्थ्य सुधरता जाता है। परिणाम यह होता है कि इससे बुढ़ापा जल्दी नहीं आता। इस प्रकार देखा जाए, तो 40 वर्ष के बाद पुरुष नसबंदी आपरेशन कराने से शरीर का कायाकल्प हो जाता है।

प्रश्न 105 : क्या धूम्रपान करने से स्त्री और पुरुष की प्रजनन क्षमता पर हानिकारक प्रभाव पड़ता है?

उत्तर : धूम्रपान सेक्स क्रिया-कलापों को भी प्रभावित करता है। कुत्तों और चूहों पर तंबाकू के अर्क के इंजेक्शन देकर पाया गया कि उनकी कामेच्छा और काम-शक्ति घट गई थी। इसके अलावा अनेक अनुसंधानों से ज्ञात हुआ है कि माता-पिता के धूम्रपान करने की आदत से उनकी संतानें अपेक्षाकृत कम वजन की होती हैं। धूम्रपान करने वाली महिलाओं के शिशुओं की मृत्यु दर भी अधिक होती है। शिशुओं में विकलांगता का भी अधिक असर होता है। धूम्रपान से गर्भस्थ भ्रूण तथा माता के रक्त संचालन में रुकावट पैदा होती है। उस पर विषाक्त प्रभाव भी पड़ता है। ऐसी महिलाओं में अकाल प्रसव भी अधिक होते हैं।

अनेक अनुसंधानों से ज्ञात हुआ है कि अत्यधिक धूम्रपान करने के आदी पुरुषों के शुक्राणुओं की संरचना में व्यापक परिवर्तन आ जाते हैं। धूम्रपान शुक्राणुओं के लिए एक विष के समान है। इसके प्रभाव से शुक्राणुओं की डिंब के साथ मिलन की क्षमता तक समाप्त हो सकती है।

धूम्रपान के दुष्परिणाम से उत्पन्न निकोटिन प्रजनन क्षमता पर दुष्प्रभाव डालता है। स्त्री और पुरुष दोनों में ही इसके दुष्परिणाम देखने को मिलते हैं। पुरुषों में शुक्रोत्पादन क्षमता बाधित होती है। अत्यधिक धूम्रपान से नपुंसकता तक पैदा हो सकती है।

प्रश्न 106 : क्या शराब पीकर संभोग करने से सेक्स शक्ति बढ़ती है?

उत्तर : शेक्सपीयर ने अपने नाटक 'मैकबेथ' में शराब के बारे में कहा

है–"शराब उत्तेजित करती है, कामनाओं को बढ़ाती है, इच्छाओं को जगाती है, लेकिन उनको पूरा करने की शक्ति को छीन लेती है।"

अधिकांश लोगों में यह आम धारण है कि शराब पीकर संभोग करने से सेक्स पॉवर बढ़ता है। इस मिथ्या धारणा के कारण शराब का उपयोग पुरुषों में दिन-प्रतिदिन बढ़ता ही जा रहा है, जबकि सेक्स विशेषज्ञों का कहना है कि बिना शराब पिए भी स्त्री-पुरुष संभोग का भरपूर आनंद उठा सकते हैं। शराब पीने वाला पति संभोग के दौरान सोचता है कि उसे भरपूर आनंद आ रहा है और उसकी सेक्स शक्ति बढ़ गई है, जबकि शराब की बदबू से स्त्री आनंद से वंचित रह जाती है। ऐसे माहौल में पत्नी पूरा सहयोग नहीं करती और शराबी पति का सेक्स आनंद एक तरफा बनकर रह जाता है। जो पुरुष युवावस्था से ही शराब पीकर संभोग का आनंद उठाना शुरू कर देते हैं, कुछ काल बाद उन्हें महसूस होने लगता है कि उनकी उमंग और शक्ति का ह्रास होने लगा है और पूर्व जितना आनंद व शक्ति पाने के लिए अधिक मात्रा में शराब पीने लगते हैं।

शराब की अधिक मात्रा लंबे समय तक लेते रहने से अंडकोष क्षतिग्रस्त हो जाते हैं, जिससे पुरुष संतानोत्पादन क्षमता तक खो देता है। शरीर का हर अंग क्रियाहीन होकर सेक्स के प्रति रुचि को ही समाप्त कर देता है। दुष्परिणाम स्वरूप शिश्न और अंडकोप, दोनों ही सिकुड़ जाते हैं। अतः स्वस्थ संभोग और पूर्ण आनंद को प्राप्त करने के लिए शराब का सेवन न करना ही उचित है।

प्रश्न 107 : कामोत्तेजक पदार्थों (Sex Tonics) के सेवन से कौन-कौन से दुष्परिणाम उत्पन्न हो सकते हैं?

उत्तर : आजकल पुरुषों में सेक्स टॉनिक्स का प्रचलन इतना बढ़ गया है कि हर कोई सेक्स पॉवर बढ़ाने के लिए इनका धड़ल्ले से इस्तेमाल कर रहे हैं। संभोग सुख को प्राप्त करने के लिए व्यक्ति सेक्स पॉवर बढ़ाना चाहता है, लेकिन वह भूल जाता है कि इनके निरंतर सेवन से अनेक दुष्परिणाम भी हो सकते हैं। जो सेक्स टॉनिक्स थोड़ी देर के लिए उत्तेजना देकर सेक्स पॉवर

बढ़ने का अहसास देते हैं, कुछ दिनों के लगातार सेवन से व्यक्ति अत्यधिक शिथिल और कमजोर होकर उन पर निर्भर बन जाता है।

आमतौर पर कामोत्तेजक पदार्थों से निर्मित सेक्स टॉनिकों में अल्कोहल, कोकीन, मारिजुआना, हरिभृंग, जिनसेंग, सांडे का तेल, अफीम, जानवरों की सींगें, घोंघे, नक्सवोमिका, योहिम्बिन, रॉयल जैली, शतावर, विटामिन ई, जिंक, पलांग, एमिल नाइट्रेट, एमफीथामाइन, टेस्टोस्टेरॉन, भांग आदि का प्रयोग किया जाता है।

कामोत्तेजक पदार्थ हमारे शरीर पर मुख्य रूप से मानसिक स्थिति में परिवर्तन लाकर अपना प्रभाव दिखाते हैं। कुछ पदार्थ सेक्स अंगों में उत्तेजना लाकर उनमें रक्त का प्रवाह बढ़ा देते हैं। मारिजुआना के प्रभाव से हमारा मानसिक संकोच दूर होता है और लगता है कि इसके सेवन से उत्तेजना बढ़ रही है लेकिन वास्तव में इससे प्रजनन क्षमता को हानि पहुंचती है। युवावस्था में किया गया सेवन सेक्स विकास को भी प्रभावित करता है। कोकीन के सेवन से यह मानसिक अनुभूति होती है कि कामवासना बढ़ गई है, लेकिन वह अस्थायी ही होती है, परंतु बाद में भय, विभ्रम और कल्पना की उड़ान में भी वृद्धि मालूम पड़ती है।

टेस्टोस्टेरॉन हार्मोन का प्रयोग कामोत्तेजना बढ़ा देता है, लेकिन इसकी आवश्यकता शरीर को न हो, तो किया गया सेवन शुक्राणुओं की संख्या को घटा देता है। यह यकृत के कार्य में बाधा पहुंचाकर कैंसर का कारण भी बन सकता है। अफीम, भांग जैसे नशीले पदार्थों का सेवन स्वास्थ्य के लिए अत्यंत हानिकारक होता है और इसकी लत पड़ जाने पर व्यक्ति इसकी मात्रा बढ़ाता जाता है, जो उसे शारीरिक और मानसिक रूप से अपाहिज बना देता है। वास्तव में पति-पत्नी में आकर्षण और प्यार ही सर्वोत्तम सेक्स टॉनिक है।

प्रश्न 108 : यौनांगों की नियमित सफाई करना क्यों जरूरी है?

उत्तर : स्त्री-पुरुष दोनों के यौनांगों की रचनाएं कुछ इस प्रकार बनी होती हैं कि यदि उनकी नियमित सफाई न की जाए, तो ये भाग अत्यंत गंदे हो जाते हैं और अनेक प्रकार की बीमारियां लग जाती हैं।

स्त्री के जननांग में स्थित लघु और बृहत् भगोष्ठों के बीच की दरारों तथा भगनासा की त्वचा के अंदर का स्थान और पुरुष के शिश्न मुंड के पीछे उभरे किनारों की निचली जगह तथा सुपारी एवं शिश्नाग्र त्वचा के बीच के स्थान में सर्वाधिक गंदगी इकट्ठी होती रहती है। इन अंगों से सफेद, चिकना, दुर्गंध युक्त पदार्थ धीरे-धीरे निकलता रहता है और जमा होकर अधिक दुर्गंध पैदा करता है। इसके अलावा ऐसा स्राव जलन, खुजली, और प्रदाह का कारण बनता है। स्त्री में तो गुदा स्थान योनि के अति निकट होने के कारण गंदगी के संपर्क में आने से संक्रमण अतिशीघ्र फैल जाता है।

यौनांगों के आसपास घने बाल हो जाते हैं। यदि समय-समय पर इनकी सफाई नहीं की गई, तो वीर्य, स्राव, मल, मूत्र, आदि इनमें लगकर सूख जाते हैं, जिनसे इन्फेक्शन फैलने का खतरा बना रहता है। स्त्री के मासिक धर्म के दिनों में निकले स्राव जब यौनांग के बालों को गीला कर देता है, तो वहां गंदगी और भी बढ़ जाती है। ऐसे में जहां जुओं की वजह से हमेशा खुजली बनी रहती है, वहीं संक्रमण और गंदगी के कारण योनि से दुर्गंध आने लगती है। इससे प्रदर रोग हो सकता है। फुंसियां पैदा हो सकती हैं।

जिन स्त्री-पुरुष के यौनांग गंदे रहते हैं, उनके बीच संभोग के समय घृणा का भाव पैदा होकर सारे आनंद और उत्साह पर पानी फिर जाता है। अतः स्त्री-पुरुष को चाहिए कि वे अपने यौनांगों की नियमित सफाई पानी, कीटाणुनाशक साबुन जैसे डिटॉल, नीम आदि से अवश्य करते रहें और अंदर पहनने वाले वस्त्रों की सफाई की ओर भी पूरा ध्यान रखें, ताकि संक्रमण से इनकी रक्षा हो सके।

प्रश्न 109 : क्या कंडोम सेक्स रोगों से पूरी तरह सुरक्षा प्रदान करते हैं?

उत्तर : बहुत पहले यूरोप में सिफिलिस और गनोरिया जैसी सेक्स बीमारियों से बचने के लिए बारीक कपड़े की बनी थैलियों का आविष्कार किया गया था, जिसे पुरुष अपने शिश्न पर चढ़ाकर संभोग क्रीड़ा करता था, लेकिन कपड़े की होने की वजह से शुक्राणुओं की रोकथाम पूर्णरूप से संभव न हो सकी, इसलिए

फ्रांस के कांडम नाम के एक फौजी ने भेड़ के चमड़े की थैली बनाई और इस थैली का प्रचलन कंडोम के नाम से हुआ। समय-समय पर किए गए अनेक परिवर्तनों का परिणाम यह हुआ कि आजकल अत्यंत पतले रबर के बने इलेक्ट्रोनिक तरीके से जांचे-परखे निरोध, अनेक ब्रांड से बाजार में उपलब्ध हैं।

कंडोम पहनने से शिश्न पूर्ण रूप से ढंक जाता है और उस पर एक प्रकार का सुरक्षात्मक आवरण चढ़ जाने से वह अनेक सेक्स रोगों के संक्रमण से बच जाता है। प्रयोगों से ज्ञात हुआ है कि कंडोम सिफिलिस, गनोरिया, एड्स को रोकने में काफी प्रभावशाली साबित हुआ है। लेटेक्स कंडोम जो इलैक्ट्रोनिक माइक्रोस्कोप से जांचे-परखे जाते हैं, से न तो वायरस और न ही बैक्टीरिया के जीवाणु प्रवेश कर पाते हैं। शुक्राणु से 25 गुना छोटे एड्स के वायरस भी कंडोम से बाहर नहीं जा पाते हैं।

सेक्स विशेषज्ञों का कहना है कि कंडोम का प्रयोग अनेक सेक्स रोगों के खतरे को घटाते अवश्य हैं, लेकिन पूरी तरह सुरक्षा प्रदान नहीं करते। क्योंकि एड्स रोकने में कंडोमों की सफलता की दर 17 प्रतिशत तक ही रही है। जब कोई पुरुष कंडोम पहनकर परस्त्री से संभोग करता है, तो संक्रामक रोगों से बहुत कुछ बचाव अवश्य हो जाता है, लेकिन इसे पूर्ण सुरक्षित सेक्स संबंध नहीं कहा जा सकता, क्योंकि ऐसी स्त्री के संपर्क में आने से शारीरिक रूप से अन्य माध्यम के द्वारा भी रोगों का संक्रमण होने की पूर्ण संभावना होती है। अतः कंडोम से सुरक्षा बढ़ाने का सबसे अच्छा तरीका यह है कि इसका इस्तेमाल करने के पूर्व योनि में शुक्राणुमारक (Spermicide) दवा नोनोक्जिनोल–9 (Nonoxynol–9) का प्रयोग करें, ताकि इसके प्रभाव से एड्स और परसर्प के वायरस नष्ट हो जाएं।

प्रश्न 110 : अपनी मर्जी अनुसार गर्भ निरोधक गोलियां खाने से क्या-क्या नुकसान हो सकते हैं?

उत्तर : खाने वाली गर्भ निरोधक गोलियां करीब-करीब शत-प्रतिशत गर्भ निरोधक सिद्ध हुई हैं, फिर भी इनको शुरू करने से पहले डॉक्टर से अपनी जांच कराकर उनकी सलाह से ही सेवन करना चाहिए, गोलियां अनुकूल न होने पर अनेक दुष्परिणाम भी भुगतने पड़ सकते हैं।

गर्भनिरोधक गोलियों के सेवन से आमतौर पर जो नुकसान नजर आते हैं, उनमें मुख्य रूप से योनि रक्तस्राव होना, जी मिचलाहट, सिरदर्द, उलटी होना, थकावट, अस्वस्थता का अनुभव, वजन बढ़कर मोटापा आना, स्तनों पर चर्बी बढ़कर उनका बढ़ना और उसमें मीठा-मीठा दर्द होना, स्तनों का ढीलापन, मासिक धर्म बंद हो जाना, सेक्स संबंध बनाने में अरुचि पैदा होना, रक्तचाप काफी बढ़ जाना, निरंतर प्रयोग से डिंब ग्रंथियों का बेकार होना, यकृत की बीमारियों जैसे—शरीर का पीला पड़ना, यकृत का बढ़ना, पाचन में गड़बड़ी की शिकायत, यकृत प्रदेश में पीड़ा का अनुभव, गर्भाशय में ट्यूमर पैदा होने की संभावना, बांझपन उत्पन्न होना, योनि कैंसर की संभावना, चिड़चिड़ापन, चक्कर आना, बाल झड़ने की शिकायत, मसूड़े सूजना, जोड़ों में दर्द, दाद, पित्ती, खुजली, पिंडली की मांसपेशियों में सूजन आदि होते हैं।

जब स्त्री मधुमेह, उच्च रक्तचाप, दिल की बीमारी, अधिक मोटापा, बच्चे को दूध पिलाने वाली महिला, जो स्त्री धूम्रपान करती हो, माइग्रेन, श्वास रोग, यकृत रोग, पीलिया, उम्र 35 से ऊपर हो, मिर्गी की शिकायत, गर्भावस्था का पता चल जाए, तो ऐसी स्थितियों में गर्भनिरोधक गोलियां का सेवन हानिकारक होता है। इसके अलावा जिन महिलाओं की उम्र 40 वर्ष से अधिक की हो गई है, उन्हें इन गोलियों का सेवन नहीं करना चाहिए, क्योंकि इससे रक्त के थक्के बनने, हृदय का दौरा पड़ने व लकवा जैसे उपद्रव होने की संभावना अधिक होती है।

गोलियों के सेवन की अवधि में यदि किसी कारणवश मासिक धर्म रुक जाए, तो तुरंत डॉक्टरी जांच करा लें। यदि गर्भ रह गया हो, तो ये गोलियां गर्भ में पल रहे बच्चे पर दुष्प्रभाव पैदा कर सकती हैं। अतः इन गोलियों के दुष्परिणामों से बचने के लिए डॉक्टरी परामर्श और अपना परीक्षण कराने के बाद ही सेवन करें।

प्रश्न 111 : सेक्स व्यायाम से यौनांगों को किस प्रकार शक्तिशाली, चुस्त और नीरोग बनाया जा सकता है?

उत्तर : सेक्स शक्ति और सामर्थ्य को शक्तिशाली, चुस्त और नीरोग बनाए रखने के लिए अभ्यास और सेक्स व्यायाम की जरूरत होती है। इससे शारीरिक

स्फूर्ति भी मिलती है और रोग प्रतिरोधक शक्ति का विकास होता है। शरीर के सारे ऊर्जा केंद्रों पर मस्तिष्क के मेडूला ओबलांगेटा (Medulla Oblongata) भाग का विशेष प्रभाव होता है, क्योंकि यह उन पर नियंत्रण रखता है। यहीं से स्पाइनल नर्व के सेक्स सेंटर का भी संबंध जुड़ा होता है। अतः सेक्स व्यायामों के माध्यम से इन केंद्रों को शक्तिशाली बनाया जा सकता है।

सामान्य व्यायाम जहां संपूर्ण शरीर की मांसपेशियों में कसाव पैदा करते हैं, वहीं सेक्स व्यायाम से सेक्स ग्रंथियां सक्रिय होकर सेक्स अंगों की गतिविधियों को शक्तिशाली, चुस्त और नीरोग बनाती है।

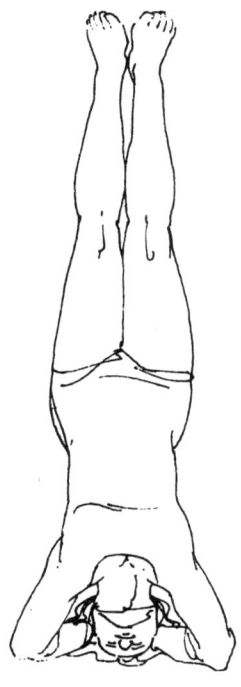

शीर्षासन करने से शरीर के प्रायः सभी अंगों की जिन की शक्ति बढ़ती है। मस्तिष्क के विकास और शक्ति के लिए तो यह आसन उत्तम है ही, इसके

साथ ही इससे यौवन प्राप्त होता है। बुढ़ापा दूर भागता है, स्वप्नदोष, प्रमेह जैसी बीमारियां दूर होती हैं।

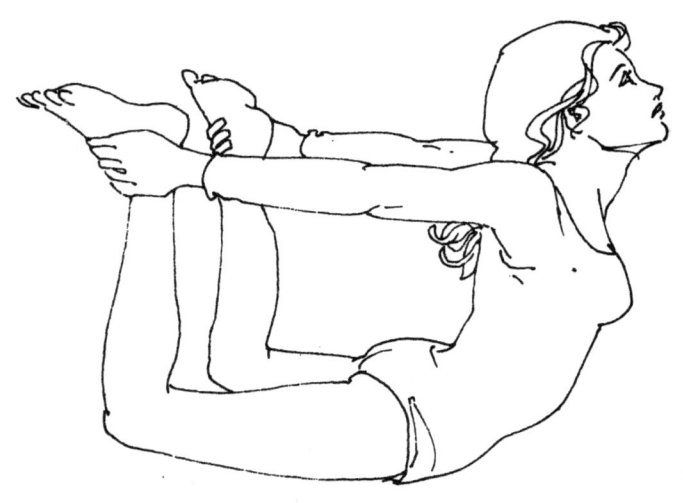

धनुरासन को नियमित रूप से करने से पेट पर बढ़ी हुई चर्बी तो कम होती ही है, स्त्रियों में ऋतुस्राव संबंधी विकार, गर्भाशय के रोग, डिंबग्रंथियों की शिकायतों में बहुत लाभ मिलता है। प्रजननोत्पादक इंद्रियों के कार्य में सुधार भी होता है।

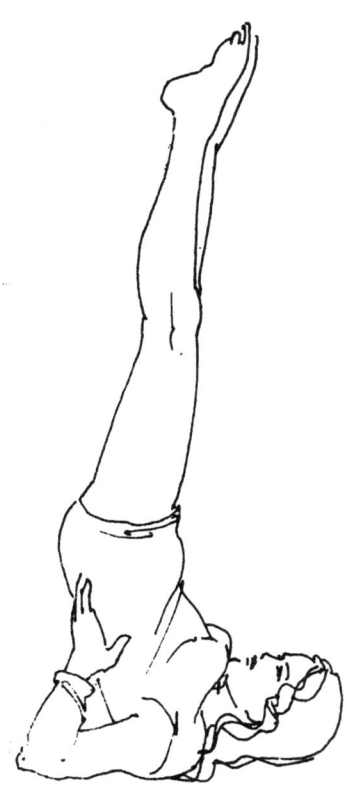

सर्वांगासन नियमित करने से व्यक्ति के सेक्स अंगों पर पड़ने वाला अशुद्ध रक्त का भार भी इससे दूर होता है और अनेक सेक्स रोगों जैसे– नपुंसकता, स्वप्नदोष, शीघ्रपतन आदि में बहुत लाभ मिलता है।

❑ ❑ ❑

साहस और आत्मविश्वास

–रोमी सूद 'उपमाश्री'

डिमाई आकार ● पृष्ठ: 128

आज आत्मविश्वास की शक्ति और क्षमता को सभी ने अच्छी तरह पहचान लिया है। यही वह सत्य है, जो व्यक्ति की उन्नति में कारगर भूमिका निभाता है। साहस आत्मविश्वास का पूरक है। आत्महीनता से ग्रस्त व्यक्ति कभी निडर और साहसी नहीं हो सकता।

आपके कार्यक्षेत्र में तो इसका मोल सर्वाधिक है। आप कितनी ही विपत्तियों से क्यों न घिरे हों, यदि आपमें आत्मविश्वास है, तो बड़ी-से-बड़ी चुनौतियां भी आपका कुछ नहीं बिगाड़ पाएंगी और आप किसी कुशल मल्लाह की तरह तूफानों में घिरी नाव को किनारे पर ले ही आएंगे, ऐसा विश्व के महान् मनीषियों का दावा है।

अपने विषय की श्रेष्ठ लेखिका रोमी सूद 'उपमाश्री' ने अपनी इस पुस्तक में 23 अध्याय दिए हैं। प्रत्येक अध्याय पूरी तरह दिशासूचक हैं। जैसे-जैसे आप इन्हें पढ़ते जाएंगे, आपमें उत्साह एवं आत्मविश्वास भरता चला जाएगा और एक दिन आप अपने आपको सफलता प्राप्त करने में सक्षम पाएंगे।

बहुत से लोग योग्य, अनुभवी और प्रतिभाशाली होते हैं, लेकिन आत्मविश्वास के अभाव में सब दब जाता है और वे कुंठित होकर अपने आपको दोषी ठहराने लगते हैं, जबकि ऐसा नहीं है। उन्हें अपने भीतर आत्मविश्वास जगाना और उन्नति का मार्ग प्रशस्त करना चाहिए।

बच्चों को बिगड़ने से कैसे रोकें

- चुनीलाल सलूजा

बच्चों के साथ समझदार बच्चे बनकर मां-बाप उन पर जितना असर डाल सकते हैं, जितनी शिक्षा दे सकते हैं, उतने बुजुर्ग बनकर नहीं।
— **प्रेमचन्द**

डिमाई आकार ● पृष्ठ: 152

आज पश्चिम की स्वच्छंद और भोगवादी संस्कृति के कारण हमारा परिवेश ही बदल गया है। आनंद मनाने, योजनाओं में जीने और चकाचौंध-भरी दुनिया में सुध-बुध बिसार देने की होड़ मची है। ऐसी जीवन शैली से सर्वप्रथम बच्चे ही प्रभावित होते हैं, क्योंकि सीखने-समझने, परिपक्व बनने की कच्ची उम्र में ही उन्हें परीलोक जैसा काल्पनिक संसार आकर्षित कर रहा होता है। यह संक्रमण-काल भयावह है, जिससे बचना अवश्यंभावी है।

बेजा लाड़-प्यार, चोरी-चुगली, जिद्दीपन, ईर्ष्या, आलस, पढ़ाई से ऊब, काम से जी चुराना, तोड़-फोड़, मार-पीट, आवारागर्दी, छिछला मनोरंजन, बेहूदा फ़ैशन, यौनाकर्षण, डेटिंग-सेटिंग, खतरनाक नशों का आकर्षण, अनुशासनहीनता, अपराधी और हिंसक प्रवृत्ति, लक्ष्यहीनता, पलायन, कुंठाएं, पैसे का घमंड, गलत संगतियां, शॉर्ट कट की संस्कृति जैसे विकार बच्चों के बचपन और उनके भविष्य को बर्बाद कर उनके संरक्षकों को अभिशप्त जीवन जीने के लिए बाध्य कर देते हैं।

लेकिन चिंता करने और घबराने की आवश्यकता नहीं है। केवल आप सदैव जागरूक बने रहें और बच्चों को सही रास्ता दिखाएं, उनके बचपन को संवारें और सुखद भविष्य का निर्माण करें। यह पुस्तक आपकी पूरी-पूरी सहायता करेगी। इसमें बच्चों के बिगड़ने के कारण और लक्षण तो दिए ही गए हैं, साथ ही उन्हें बिगड़ने से रोकने के ठोस एवं व्यावहारिक उपाय भी सुझाए गए हैं।

बच्चों की प्रतिभा कैसे उभारें

– चुन्नीलाल सलूजा

डिमाई आकार ● पृष्ठः 168

बैजू बावरा का नाम आज कौन नहीं जानता? वह विधवा मां के आंचल में ही पले-बढ़े। दैवयोग से मां-बेटे को एक महान गुरु के दर्शन हो गए। उनकी दिव्य दृष्टि में बैजू की प्रतिभा समा गई और उनके विद्यादान से एक दिन वह इतने बड़े गायक बने कि पारखी उन्हे संगीत सम्राट तानसेन का प्रतिद्वन्द्वी मानने लगे।

❑ क्या आप भी इसी तरह बच्चों को प्रतिभा-सम्पन्न बनाने के लिए जागरूक हैं?

❑ क्या आप जानना चाहते हैं कि बच्चों को सफल और बुद्धिमान कैसे बनाया जा सकता है?

❑ क्या आप उन्हें शिक्षा, खेल तथा अन्य क्षेत्रों में निरंतर हिस्सेदारी दिला रहे हैं?

❑ क्या आप उनके अंदर छिपी हुई क्षमताओं को खोज निकालने में सफल हो पाए हैं?

❑ क्या आप उनमें चुस्ती, स्फूर्ति, बुद्धिमानी, सच्चरित्रता, शिष्टाचार, व्यवहार-कुशलता एवं संवेदनशीलता आदि गुण उभारना चाहते हैं?

❑ क्या आप अपने बच्चों को सबसे अलग, सबसे ऊंचा, सबसे स्वस्थ और सुंदर देखना चाहते हैं?

तो बच्चों के आकर्षक भविष्य के निर्माण के आपके सपने साकार करने में यह पुस्तक आपको बहुत कुछ दे सकती है।

धैर्य एवं सहनशीलता

— पवित्र कुमार शर्मा

डिमाई आकार ● पृष्ठ: 151

क्या आप भी धैर्य एवं सहनशीलता को अपनाकर जीवन में सफल एवं आदर्श व्यक्ति बनना चाहते हैं?

✦ तो आइए, जटिल, भयावह और बदहवास कर देने वाली परिस्थितियों में भी हंसते-हंसते जीना सीखें।

✦ हर कष्ट, हर विपत्ति, हर तरह के संकटों, उलझनों और परेशानियों के प्रहारों को फूलों की वर्षा की तरह लें।

✦ सागर की तरह धीर, गंभीर और शांत बन जाएं।

✦ चट्टानों के समान हर तरह की चोटों को सहना सीखें।

✦ पर्वत की तरह आंधी, तूफान और वर्षा में भी अडिग खड़े रहें।

✦ क्या आप में ऐसा बनने की इच्छाशक्ति, साहस एवं आत्मविश्वास है?

✦ यदि है, तो सचमुच आप निश्चित रूप से सर्वगुण संपन्न बन जाएंगे तथा धैर्य एवं सहनशीलता आपकी रग-रग में रच-बस जाएगी।

✦ क्या आपको मालूम है कि धैर्य एवं सहनशीलता ही वह दिशानिर्देशक यंत्र है, जो उन्नति का सही रास्ता दिखाता है? इस अनूठी पुस्तक में बताए गए 101 उपाय आपको सफलता एवं उन्नति के सर्वोच्च लक्ष्य की तरफ अवश्य ही ले जाएंगे।

खुशहाल जीवन जीने के व्यावहारिक उपाय

– चुन्नीलाल सलूजा

जिसके जीवित रहने से विद्वान्, मित्र और बंधु–बांधव जीते हैं, उसी का जीना सार्थक है। **– हितोपदेश**

डिमाई आकार ● पृष्ठ: 128

अब जमाना बदल गया है। उसी हिसाब से व्यक्ति की सोच-समझ, उसका रहन-सहन, आचार-व्यवहार और परस्पर संबंधों की गरिमा तथा मिठास भी बदल गई है। अब सब कुछ अधिक व्यावहारिक हो गया है। व्यक्ति की जागरूकता व आकांक्षाएं पहले से बढ़ गई हैं। इसी तरह आज के जीवन की आपाधापी, होड़, तनाव, हताशा और बेगानेपन ने व्यक्ति को जिस तरह परेशानी में डाल रखा है, उससे लिए खुशहाल जीवन जीने का मार्ग प्रशस्त करती है- यह पुस्तक।

आपके लिए यह महत्त्वपूर्ण पुस्तक लिखी है जाने माने लेखक चुन्नीलाल सलूजा ने। इसमें 21 अध्याय हैं और यह तय है कि हर अध्याय आपके जीवन में नए-नए रंग भरेगा, जैसे ◆ परिवार से जुड़ना सीखें ◆ अप्रिय प्रसंगों व हादसों को भूलें ◆ गलतियां फिर न दोहराएं ◆ परिचय का दायरा बढ़ाएं ◆ अपनी सोच को व्यापक बनाएं ◆ खुश रहें, खुशियां बांटें ◆ व्यक्तित्व को आकर्षक बनाएं ◆ दिल खोल कर हंसें ◆ दाम्पत्य-जीवन को सरस बनाएं ◆ अति भावुकता से बचें ◆ हमेशा कुछ नया करें ◆ सकारात्मक सोचना सीखें ◆ सदा सत्य का साथ दें ◆ सफलता के लिए श्रम करें और इन सब उपायों पर अमल करके जीने की कला सीखें। ये सभी उपाय इतने सटीक, चुस्त और परखे हुए हैं कि इन्हें अपनाकर आप निश्चय ही खुशहाल जीवन जीने में सक्षम बन सकेंगे।

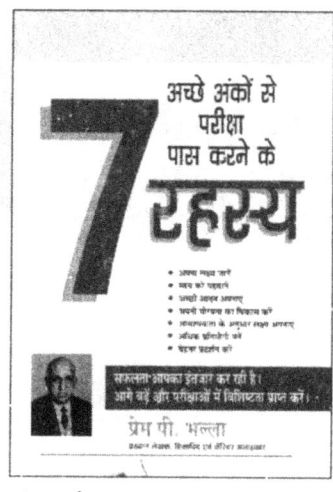

अच्छे अंकों से परीक्षा पास करने के 7 रहस्य

— प्रेम पी. भल्ला

सफलता आपका इंतजार कर रही है। आगे बढ़ें और परीक्षाओं में विशिष्टता प्राप्त करें।

डिमाई आकार ● पृष्ठ: 143

अंग्रेजी की प्रसिद्ध पुस्तक '7 Mantras to Excel in Exams' का हिन्दी रूपान्तर उन विद्यार्थियों को दृष्टिगत करके लिखी गई है जो, प्राय: परीक्षा सामान्य अंकों से ही पास कर पाते हैं। वे यह नहीं जानते कि अच्छे अंक किस प्रकार किए जा सकते हैं। इस पुस्तक में कोई भी परीक्षार्थी उच्च अंक लेकर विशिष्टता प्राप्त कर सकता है।

आज हर क्षेत्र में प्रतिस्पर्द्धा व्याप्त है। केवल वही लोग औरों से आगे निकल पाते हैं, जिनका शैक्षणिक जीवन उच्च रहा हो। स्कूल हो, कॉलेज हो, उच्च शिक्षा के लिए प्रवेश परीक्षा हो या नौकरी प्राप्त करनी हो, सभी परीक्षाओं में अच्छे अंको की ही आवश्यकता होती है। जिनका विद्यार्थी जीवन विशिष्ट रहा हो, वही इन क्षेत्रों में औरों से आगे निकल पाते हैं।

इस पुस्तक में दिए गए सुझाव और सूचनाओं को आत्मसात् करके औसत बुद्धि का विद्यार्थी भी परीक्षाओं में महत्त्वपूर्ण अंक प्राप्त कर सकता है, इसमें दिए गए सुझाव सरल एवं प्रयोगात्मक हैं। बस आवश्यकता है सोई हुई शक्ति को जगाने और उसे समझने की।

जीवन में सफल होने के उपाय

– स्वेट मार्डेन

डिमाई आकार ● पृष्ठ: 143

विश्व विख्यात लेखक 'स्वेट मार्डेन' की बहुचर्चित पुस्तक ''टू सक्सीड इन लाइफ'' का अविकल हिन्दी रूपान्तर। अपने में छिपी शक्तियों को पहचानने, तनाव और निराशा से मुक्त होने, भय को दूर भगाने तथा कर्म का आदर करने के उपाय सुझाने वाली पुस्तक। यह प्रेरणा देती है, प्रोत्साहित करती है और व्यक्ति को आत्मविश्वास से भर देती है। बाधाएं हटाकर रोशनी भरा रास्ता दिखाने वाला प्रकाश-स्तम्भ है– यह पुस्तक।

W0037996